エゴ − あなたにとって最も高価な敵

エゴ – あなたにとって最も高価な敵

インドラジート・ナヤック

インド
2023年

コンテンツ

第 1 章: 耐え難いプロローグ

この本は私について書いたものではありません。しかし、これはエゴについての本であるため、人生のある時点で私の頭をよぎったに違いない問題に言及しなければなりません。

それを書く私は誰ですか？

私の話は、以降のレッスンにとってそれほど重要ではないかもしれませんが、背景を説明したいと思います。私の短い人生の中で、私は人間のあらゆる感情、つまり願望、成功、失敗をすべて矢継ぎ早に経験してきました。

19歳のとき、人生を変える素晴らしいチャンスを感じて、大学を中退することにしました。指導者たちは私の注意を引こうと競い合い、私を彼らの弟子に育て上げました。偉大な仕事に就く人物と見なされていたにもかかわらず、成功はすぐにやって来ました。ビバリーヒルズのタレントマネジメント会社の最年少幹部として、私はいくつかのメジャーなロックバンドとの契約や仕事を手伝い、その後、何百万部も売れ、独自の文学ジャンルを生み出した数冊の本のアドバイスをすることになりました。。

21 歳のとき、私は世界中で最も人気のあるファッション ブランドの 1 つである American Apparel でストラテジストとして働き始めました。やがて、私はマーケティング部長になりました。

25歳のとき、私はデビュー本を出版しました。これは、私の顔が表紙に大きく掲載され、すぐに物議を醸すベストセラーになりました。その後間もなく、あるスタジオが私の人生についてのテレビ番組の放映権を獲得しました。時間が経つにつれて、私は影響力、プラットフォーム、報道、リソース、お金、さらには悪名など、成功に必要な多くの要素を蓄積してきました。その後、これらの資産は、私が収益性の高い会社を設立するのに役立ち、カンファレンスや華やかなイベントでの講演の招待を獲得する仕事をしながら、高給取りのクライアントと協力しました。

成功には、多くの場合、自分の物語を美化したいという避けられない衝動が伴います。神話の層を装飾したり追加したりするため。床で寝ていること、親に勘当されていること、自分の野心のために苦しんでいることなど、あらゆる困難に立ち向かう壮絶な闘いについての弧を描くような物語がここで登場するかもしれません。
アスリートは、ストーリーテリングの一環として、自分の才能がアイデンティティの基礎となり、功績が価値の象徴として称賛される物語を作成することがよくあります。

しかし、この種の話は決して正直でも役に立ちません。今日初めにこの話をした
とき、ストレスや誘惑などの多くの部分を都合よく省略しました。胃がひっくり返り
そうなドロップ。間違い（すべての間違い）はカット室の床から放置され、代わりに
ハイライトリールの作成に集中しました。これらのことは、私が話したくないときの
ことです。それは、私が尊敬していた人に公の場で私を殴られ、後に緊急治療
室での治療が必要になるほどの痛みを引き起こしたときのことです。「神経が衰
弱して、上司の会社で編集者として働き続けることはできないと判断し、耐えら
れないので学校に戻ると上司に告げたとき、そしてそのつもりでいたのは、その
年の思い出に残る出来事の一つでした。他には、ベストセラーの在職期間がわ
ずか7日間（実際には5日間）だったということや、私の本のサイン会に一人の
人が現れ、私が創刊した本がバラバラになってしまったが、その後再び再建さ
れただけだった（2回）などがあります。編集されたコンピレーションをレビューす
るときには表示されません。

この完全なポートレートはまだスナップショットにすぎませんが、少なくともこの本
の観点からは、野心、達成、逆境といった重要なことの多くが捉えられていま
す。

私はひらめきなど信じません。一人の人を変える瞬間はありません。代わりに、
複数の瞬間があります。しかし、2014年の間、こうしたひらめきは次々と起こり続
けていたようです。

まず、私が最高の仕事の多くを行ったアメリカン・アパレル社は、数億の負債を
抱えて破産寸前にまで揺れ、警告もなく自身の取締役会から解雇されたため、
友人のソファで寝ることになった。。次に来たのはタレント事務所で、お金を借り
ているクライアントから執拗に訴えられ骨を折ったが、その後、私のもう一人の指
導者が突然崩壊し、それをきっかけに私たちの関係は崩壊した。

彼らは私が自分の人生を築いてきた人々でした。私が尊敬し、一緒にトレーニ
ングした人たち。彼らの経済的、感情的、心理的安定は、私の存在と自己感覚
の中心でした。それなのに、ここでは彼らが次々と私の目の前で倒れていった。

それが彼らが思い描いていたものではないと彼が気づくとすぐに、事態は急速
に解明され始めました。一生誰かのようになりたいと願うところから、相手が自分
と同じ目標を共有していないことに気づくまでには、非常に不快な思いをする
ことがあります。これに対しては、どんな準備をしても準備することは誰にもできま
せん。
私もこの解散から無縁ではなかった。ありそうもないと思われたそのとき、私が無
視してきた問題が私自身の生活に表面化し始めました。

私の成功は素晴らしかったものの、お金と危機的状況のために苦労して勝ち取った自由の多くを手放し、ストレスと過労にさらされて生まれ故郷に戻ってきた自分に気づきました。あらゆる混乱が私を慰められないほどの怒りに陥らせ、それまで楽しかった仕事が骨の折れる作業になってしまいました。自分自身と他人に対する私の信頼は崩壊しました。私の生活の質も同様でした。

何週間も旅行してあまり家にいなかった後、数週間の外出を終えたある日、ようやく自宅に戻ったとき、Wi-Fi が機能していなかったために激しいパニック発作を経験しました。「これらのメールが届かなかったら」。。じゃあ何？"メールが届かない場合。そうなったら……それでどうする？」

社会があなたに報酬を与えると、あなたは自分が正しいことをしていると信じます。しかし、その後、あなたの将来の妻は、個人としての変化のために去っていきます。

このようなことはどのようにして起こるのでしょうか?ある日は巨人の上に立っているように感じる日があり、また別の日は、複数の爆発から脱出し、破壊から破片を拾い上げようとしているときなのでしょうか？

利点の 1 つは、自分の依存症と真正面から向き合えることです。それは、「ああ、彼は働きすぎだ」とか「リラックスして遊んでください」という意味ではなく、「もし彼がすぐに会議に出席してきれいになり始めなければ、彼はそうするだろう」という形です。早死にする。」私を成功に導いたものには、他の多くの人たちと同じように、代償が伴うことを認識しました。私の衝動と強迫観念は私の自意識において非常に大きな役割を果たしており、それは刑務所のように感じられました。終わりのない痛みとフラストレーションのトレッドミルを作り出し、壊れる前に説明が必要でした。そうでなければ、悲劇的な結果が発生するでしょう。

研究者兼作家として、私は長年にわたって歴史とビジネスを研究してきました。人間のあらゆる取り組みと同様、長期にわたって観察すると普遍的なテーマが表面化し始め、特にエゴイズムをめぐる問題に興味をそそられるようになりました。

私は長い間、自我とその影響について研究してきました。実際、今私が詳しく話している出来事が起こったとき、私はこの本のための調査にほぼ 1 年を費やしていました。しかし、この期間における私の痛みを伴う経験は、以前には予想できなかった方法でこれらのアイデアに光を当てました。
エゴは、私個人や歴史を通じてだけでなく、いくつかの業界でトップの地位にある私の友人、顧客、同僚にもその悪影響をもたらすのを目の当たりにしてきました。私が尊敬する人々は、シーシュポス自身がそうしたのと同じように、目標を達成したと思っているときに目標達成から遠ざけ、エゴによって何億もの損害を被ってきました。今、少なくとも私自身はその崖の向こう側を垣間見ることができました。

自己実現を悟った直後、私は「EGO IS THE ENEMY」というフレーズのタトゥーを入れました。その出典は依然として不明ですが（おそらく何十年も前に読んだ古い本）、これらの言葉はすぐに私の人生に慰めと方向性を与えてくれました。私の左腕（同じく出所が疑わしい）には、「THE OBSTACLE IS THE WAY（障害物は道だ）」と書かれたタトゥーがあり、水泳、瞑想、文章を書くこと、あるいは毎朝シャワーから出ることなど、人生の決断を下す際の日々の指針となっている。どちらも私に次のことを思い出させてくれる。あらゆる状況で正しい道を選択してください。

私がこの本を書いたのは、私に伝える資格があると思われる知恵があるからではなく、むしろこれがまさに私自身の人生の重大な岐路で私を助けてくれるであろう本だったからです。これらは、人生の 2 つの最も深遠な質問に答えることが重要だった時代でした。それは、私は誰なのか、そして私はどのような道をたどるのか (quod vitae sectabor iter)

これらの問いは時代を超えて普遍的なものであるため、このメモだけを例外として、この本では個人的な物語ではなく、哲学と歴史的な例に頼ることにしました。

歴史の本には、一見不合理な力で歴史を自らのビジョンに沿って形作った、ビジョンを持った強力な人物の物語が登場するかもしれませんが、歴史はあらゆる場面でエゴと戦い、スポットライトを避け、より高い地位にいた人々によっても作られていることがわかりました。個人の認識よりも先に目標を設定します。これらの物語に関わり、語ることが、私にとって学習と同化のための方法でした。

私の以前の本と同様に、この本もストア哲学とすべての偉大な古典思想家から深く影響を受けています。人生そのものと同様に、私はこの本を書くにあたって彼らの知恵を大いに活用しています。いかなる成功も私自身ではなく彼らによってもたらされるのです！もし何か少しでも役に立ったなら、私ではなく彼らに感謝してください！

デモステネスはかつて、美徳は理解から始まり、勇気によって完成すると言いました。私たちは自分自身と世界を新鮮な目で見ることから始めなければなりません。その場合、他との違いを維持しながら、独自性を維持するために戦うことが重要になります。これは困難な作業になる可能性があります。私はあなたの世界観に同意しない人をすべて抑圧したり潰したりすることを主張しません。むしろ、私たちはすべての視点を有効なものとして受け入れるよう努めるべきです。

エゴに人生を支配させないでください。道徳的な物語は、そうすることが不可能な場合や魅力的な場合を認識するのに役立つために存在します。これらのリマインダーは、ポジティブな変化を促すためだけに役立ちます。

アリストテレスは人間性を描写するために、人類を歪んだ木に例えました。反りや反りを防ぐため、熟練の木工職人が逆方向にゆっくりと力を加えて真っ直ぐに整えます。残念なことに、カントは 1788 年に、「人類の曲がった木材からはまっすぐになることは決してできない」と述べました。私たちは完璧には決して到達できないかもしれませんが、少なくともよりまっすぐな道を目指して努力します。

最初は、自分が特別であると感じたり、力を与えられたり、インスピレーションを受けたりするのは良い気分になるかもしれませんが、それがこの本の目的ではありません。その代わりに、私の目標は、あなたがこのページを書いたときと同じ場所にたどり着くように、つまり、自分に投資されている自己イメージを減らし、世界を達成するのを妨げる自分自身について語る物語から解放されるように、これらのページを整理することです。-達成しようとしている仕事を変えること。

第 2 章: はじめに

何よりもまず、自分自身を騙さないでください。自分をだますことは十分に難しいことです。

--リチャード・ファインマン おそらくあなたは若くて野心家でしょう。あるいは、あなたの野心は失敗に終わったのかもしれません。あるいは、最初の数百万を稼ぎ、最初の契約に署名し、経済的に安定した人もいるかもしれません。

最近初めての契約に署名しましたか、エリートグループに選ばれましたか、またはすでに生涯続くほど十分な成果を上げましたか?おそらく上位が空席に見えることが痛感したのだろう。それとも、緊急事態を乗り越えるために他の人を導く責任を負っていますか。あるいは、上司があなたを解雇したか、あなた自身がどん底に陥ったかも知れません。

あなたの最大の敵はすでにあなたの中に存在しています、それはあなたのエゴです。

「誰も私をエゴマニアとは呼ばないでしょう！」あなたは自分自身をかなりバランスの取れた人間であると考えているかもしれませんが、満たさなければならない野心、才能、意欲、可能性を持っている人には、エゴが存在することがよくあります。私たちを将来有望な思想家、実行者、創造的、起業家たらしめているものは、同時に私たちの精神の暗い側面に対して脆弱でもあります。

フロイト心理学者は、私たちのエゴを説明するためにアナロジーを使用しました。フロイトは、私たちは馬に乗っているようにまたがって座っており、無意識の衝動は、私たちが馬に乗っている者としてのエゴイストのビジョンを通して指示する必要がある動物を表していると言いました。現代の心理学者は代わりに、そのような人々を「エゴイスト」と呼んでいます。これは、他の人を無視して危険なほど自分自身に焦点を当てている人を意味します。これらの定義はすべて正確ですが、臨床環境外では価値が限られています。

エゴはさまざまな方法で定義できます。その定義の1つは、自分自身の重要性に対する不健全な信念、傲慢さ、利己的な野心です。これらはすべて、この本の膨張したエゴの定義に当てはまります。何よりも誰よりも自分の思い通りにすることを優先するのは、各人の心の中にある子供です。それ以外;合理的な理由を超えて、これまでよりも優れた、より優れた、またはより価値のあるものとして認識される必要がある。
エゴとは、才能や自信の限界を超えた、過度に膨らんだ優越感や自信のことを指します。

フットボールコーチのビル・ウォルシュが指摘したように、自分自身とその周囲についての考えが壮大になりすぎると、自分自身と世界についての認識が歪んでしまう可能性があります。自分自身についての感情が膨らみすぎて現実が耐えられなくなるとき。自信が傲慢に、自己主張が頑固に、確信が無謀な放棄に変わるとき、それは私たちのエゴが重力のように現実に攻撃を開始するときです。作家のシリル・コノリーは、私たちのエゴが「重力と同じように私たちを吸い込んでいく」という危険について警告しました。

エゴは、あなたが望むことや達成することの邪魔をします：技術を習得する、創造的な洞察を開発する、他の人とうまく働く、チームメンバー間の忠誠心とサポートを築く、長寿を維持しながら過去の成功を繰り返す - それは利点や機会をはじき、敵や間違いを引き寄せますそしてスキュラとカリュブディスの両方を一度に！

私たちのほとんどは、自分が「エゴマニア」であるとは思っていないかもしれませんが、私たちが人生で遭遇する多くの問題や障害の核心は依然として私たちのエゴです。なぜ私たちは勝てないのか、なぜ勝つためには他人の犠牲の上に成功を帰する必要があるのかに至るまで、まだ持っていないものを欲しがるということから、それを持っていても個人的には何も改善しないように見える理由まで。

誰もそのようには見ていません。私たちのほとんどは、自分の問題を誰かまたは何か他のもの（通常は他の人）のせいにします。ローマの詩人ルクレティウスが2,000 年前に指摘したように、私たちは病気の原因を自分自身ではなく他人のせいにする傾向があります。ルクレティウスが言ったように、「病人は病気の原因に気づいていない」のです。これは、既に達成されたことの結果しか見えず、エゴのせいでやるべきことが見えなくなっている成功者に特に言えることです。

私たちが自分で設定したあらゆる目標や野心を追求するとき、その規模の大小に関わらず、常にエゴが邪魔をしているように思えます。

革新的な CEO であるハロルド・ジェネーンは、エゴイズムをアルコール依存症に例えました。「アルコール依存症とは異なり、エゴイストはよろよろ歩き回ったり、机から物を落としたり、どもったり、よだれを垂らしたりすることはありません。むしろ、ますます傲慢になります。この行動を権力や自己を示すものと誤解する人もいます」「自信 - 彼らはそのような態度を、誰かが権威を持っている、または自信を持っているという兆候であると誤って見なします。そのような人は、しばしば自分の傲慢さを権力や自信の表れであると誤解し、それが広まったり、内側から自分を殺したりしていることに気づいていません。」

アルコホーリクス・アノニマスの初期メンバーが定義したエゴとは、自分たちが実際よりも優れていると告げる声であり、自分自身と外の世界の間に人為的な障壁を作ることで真の成功を妨げるものと言えます。エゴはまた、直接的なチャネルを通じて誠実なつながりが作られるのを妨げるため、真の成功を損なう働きもあります。エゴは、自分自身と自分の周囲にあるものとの間に直接のアクセスを妨げる障壁を生み出すため、真の成功を妨げます。正確に説明すると、「すべてのものからの意識的な分離」であり、すべてのものは、対照的に自分自身の中で起こる相互作用を含むあらゆる種類の関係を意味します。私たちの周りの人々と直接かつ正直に誠実なつながりが作られること - そのため、間接的な経路を通じて真の成功が妨げられ、私たちの周りにあるものすべて、そして私たちの周りのすべてのものとの誠実な関わりが妨げられる - エゴは、私たちの周りの生活状況に対処するときに、自分自身を自分自身の中に維持することで酔わせることを妨げます。常に私たちの中に分離を生み出し、自分自身と周囲の人々との間の誠実な接触を否定し、すべての可能性を排除するすべてのものから意識的に分離することによって、周囲の人々が真の成功を経験することを拒否することで、かつては現実だったものと周囲の人々との断絶を引き起こします。あなたの周囲に存在するすべてのもの、そしてあなたとすべての間に存在するすべてのものへのあらゆるものからの関与、あなたがそれが意味するものから意識的に分離しているために起こる意識的な分離…

分離はさまざまな形で否定的に現れます。私たちは、私たちの間に障壁を築いていると、他の人と効果的に働くことができません。理解が欠けていては、自分自身や世界を改善することはできません。方法がない場合は、フィードバックを受け入れたり提供したりすることはできません。
私たちは個人として、外部の情報源からの意見を聞くことができなくなったり、無関心になったりすることがよくあります。外にあるものを聞かなければ、私たちはチャンスを認識することも、チャンスを作り出すこともできないので、目の前にあるものを見るのではなく、自分自身の空想の中で生きています。他人の能力と比較して自分自身を正確に評価できなければ、私たちは自信を失い、代わりに妄想に陥ってしまいます。自分自身のニーズと乖離してしまって、他の人のニーズに共感できなくなったとき、私たちはどうやって他の人たちに近づき、動機づけ、あるいは導けばよいのでしょうか？

マリーナ・アブラモビッチは、「自分自身への信念は創造性の終焉につながる可能性がある」とはっきりと述べています。

快適さはエゴを繁栄させます。スポーツ、芸術、ビジネスで素晴らしい仕事をするのは気が遠くなるかもしれませんが、エゴはその恐怖を和らげ、不安を和らげることで安心感を与えます。合理的思考を自己陶酔と感情的主張に置き換えることで、エゴは私たちが望むときに私たちが望むものを与えてくれます。

しかし、この解決策は短期的な救済のみを提供し、永続的な影響をもたらす可能性があります。

エゴは常にそこにありました。今ではそれが強化されました。

現在、私たちの文化はこれまで以上に誇張されたエゴを奨励しています。話したり、自分を誇示したりするのがこれまでになく簡単になりました。今では何百万人ものファンやフォロワーに自分たちの目標を自慢できるようになりました。これまではロックスターやカルトリーダーだけがアクセスできたものです。Twitter を使用すると、憧れのアイドルをフォローしたり交流したりできるほか、インスピレーションや検証を提供する書籍、ウェブサイト、TED トーク (アプリもあります) を利用できます。これらのプラットフォームを自由に使えるようになると、紙の上でしか存在しない企業の CEO に就任することができます。大きなニュースをソーシャル メディアで発表し、祝福の声が殺到するのを眺めます。かつて中立的な情報源と考えられていた記事を公開する。
私たちの中には、他の人よりもこの行動を頻繁に行う人もいます。それは程度の問題です。テクノロジーの変化が日々現れる中、人生の目的を見つけるために、自分の個性を受け入れ、それを大切にすることがますます重要になっています。

人々はよく、大きく考えて大きく生きなさいというアドバイスを聞きます。「大胆に」そして歴史に足跡を残すために。成功するには、企業やチャンピオンシップチームの創設者が抱くような包括的なビジョンを持つことが必要だと多くの人が信じています (しかし、本当にそうでしたでしょうか？) テレビでは、成功者たちがリスクを冒して威張って、目標を達成するために自分たちもその姿勢を熱心に取り入れようとしているのが見られます。個人的な成果。

実際には相関関係がないのに、私たちは相関関係を因果関係と誤解することがよくあります。むしろ、成功の兆候を実際の現れであると誤解し、その副産物を原因と誤解します。
歴史上最も象徴的な人物の多くがエゴイストとして知られているように、エゴが働く人もいます。しかし、私たちはこのような行動を奨励する環境に住んでいますが、その行動は他人に多大な犠牲を強いることが多すぎます。ここでは、私たちは、リスクを考慮せずにやみくもにギャンブルをしながら、安全にプレイするよう促される環境にいます。

どこへ行っても、あなたのエゴはついてきます。

人は人生のどの時点でも、通常 3 つの段階のいずれかに陥ります。私たちは自分が何者であるかについて影響力のあるステートメントをしようと努力しているかもしれませんし、社会にその足跡を残そうとしているかもしれません。あるいは、おそらく私たちは、部分的または全体的に、それがわずかであれ重大であれ、成功を経験したことがあります。あるいは逆に、私たちは最近または継続的に失敗しています。ほとんどの場合、これら3つの状態は流動的に共存します。成功が訪れるまで願望するか、失敗するまで成功が訪れるか、または失敗した後に再び願望を始めるか、再び成功するかのいずれかです。そして、それはほとんどの場合に当てはまります。

エゴは、成長と回復へのあらゆる道において、特に移行期や困難の時期に敵となる可能性があります。最初は物事が素早くスムーズに進むかもしれませんが、生活が困難になったり、劇的に変化したりすると、困難に陥ることがよくあります。

したがって、この本は3つの部分から構成されています。征服する。そして復活します。

成功。失敗。
この構造の目標はシンプルです。悪い習慣が根付く前に早い段階でエゴを抑制し、成功を経験したときにプライドを謙虚さと規律に置き換え、再び失敗に見舞われても打ち負かされないように回復力を養うことを目的としています。簡単に言えば、この構造は私たち全員をより良くすることを目的としています。

私たちの目標における謙虚さ 成功における優雅さ
失敗に強い
これは、あなたが特別な存在ではなく、この地球での短い生涯の間に貢献できる素晴らしい何かを持っているという意味ではありません。これは、創造的な限界を押し広げたり、発明したりインスピレーションを感じたり、真に野心的な変化や革新を目指す余地がないことを示唆するものでもありません。逆に、これらのことを実行し、責任を持ってリスクを取るためには、バランスが必要です。クエーカー教徒のウィリアム・ペンはかつて「露出した建物には強力な基礎が必要だ」と述べました。んで、どうする？
あなたが手に持っているこの本は、ある前提のもとに書かれています。それは、あなたのエゴは、あらゆる場面であなたに自らの要求を命令するものではない、ということです。むしろ、それは管理し、指示することができます。

この本は、ウィリアム・テカムセ・シャーマン、キャサリン・グラハム、ジャッキー・ロビンソン、エレノア・ルーズベルト、ビル・ウォルシュ、ベンジャミン・フランクリン、ベリサリウス、アンゲラ・メルケル、ジョージ・C・マーシャルなどの影響力のある人物を詳しく調査し、彼らのエゴが彼らが成し遂げたことを妨げたかどうかを評価している。現実感覚や意識を持たずに、経営不振の企業を救い、戦争戦略を前進させ、野球を統合し、フットボール攻撃に革命を起こし、圧制に立ち向かうか、不幸に勇敢に耐えた——作家であり戦略家のロバート・グリーン氏は、私たち全員にそうすべきだとアドバイスした。彼らが成し遂げたすべてのこと、つまり、消費者に向けて書かれ、デザインされ、販売されたアート作品や、優れたアートライティング、ライティング、デザインビジネス戦略、またはリーダーとしての役割を果たしたリーダーとしての能力など、彼らが成し遂げたすべてのことに才能と意識を貢献したことには不可欠でした。それぞれの生涯。

私たちがこれらの人々を研究すると、彼らが地に足が着いた、慎重で誠実なアプローチをしていたことがわかります。エゴを完全に欠いている人は誰もいませんでしたが、必要に応じて、いつどのようにそれを包摂したり抑圧したりするかを知っていました。確かに偉大でありながら謙虚な人物でした。

待てよ、でも誰々は巨大なエゴを持って成功を収めたのか？スティーブ・ジョブズやカニエ・ウェストはどうでしょうか？

時々、私たちは許容される行動の例として外れ値に目を向けることによって、悪い行動を正当化しようとすることがあります。しかし、たとえそれらの特性が特定の有名な個人に関連しているとしても、自分に夢中になったり、孤立したりすることで真に成功する人はいません。依存症、虐待（自分自身と他人の両方）、うつ病、躁状態など、他の特徴も現れます。これらの人々を対象とした研究では、彼らが衝動、障害、欠陥に抵抗したときに最善の仕事をしたことが明らかになりました。個人の手荷物がない場合にのみ、個人は最大限のパフォーマンスを発揮できます。

私たちの研究の一環として、現実との接触を失い、エゴがいかに危険であるかを示したハワード・ヒューズ、ペルシャ王クセルクセス、ジョン・デロリアン、アレクサンダー大王などの人物に注目します。私たちは、特に悲惨さと自己破壊を通じて彼らが学んだ高価な教訓を調査するとともに、なぜ成功者でさえしばしば謙虚さとエゴの間で揺れ動き、その過程で問題を引き起こすのかを調査します。

エゴを取り除いたら、残るのは本物です。それは、たとえ岩のように堅い謙虚さと自信であったとしても、謙虚さです。エゴは一時的でつかの間のものでしかありませんが、この種の自信は時間の経過とともに重みを保ち、より重要な意味を持ちます。エゴは盗まれるだけで獲得されます。自信は獲得しなければなりません。
自称リーダーは、人為的なやり方が蔓延している間、自信をにじみ出させる傾向があります。１つはあなたに近づき、もう１つはガス灯を灯します。それは強力なものと有毒なものを分けるものです。

この後のページで目撃するように、この自信が、控えめで過小評価されていた将軍を、南北戦争中にアメリカの最も優れた戦士および戦略家に押し上げたのです。第一次世界大戦後、エゴは別の将軍を権力と影響力のある地位から引きずり下ろし、貧困と不名誉に追い込んだ。別の女性は物静かなドイツ人科学者を受け入れ、彼女を単なる指導者ではなく平和の代理人に変えました。ある物語では、20 世紀の並外れた才能と大胆なエンジニアリングの頭脳を備えた 2 人が、失敗、破産、スキャンダル、または狂気に屈するまでにどのようにキャリアを開花させたかが描かれていました。そのうちの 1 つは、NFL 史上最悪のチームを 3 シーズン以内にスーパーボウルに導き、後にフットボール界で最も偉大な王朝の 1 つを形成しました。その一方で、数多くのコーチ、政治家、起業家、作家が同様の困難を乗り越えてきたが、時間の経過とともに後退し、主導権を取り戻しただけだ。

謙虚さを学ぶ人もいれば、エゴを選ぶ人もいます。運命のプラスとマイナスの両方の結果に対して準備ができている人もいれば、そうでない人もいます。あなたの選択は何ですか、そしてあなたは誰になるつもりですか？

この本を購入したということは、意識的かどうかにかかわらず、この質問への答えが時間の経過とともにますます緊急になると信じていることを示しています。

それでは、本題に入りましょう!

第 3 章: 熱望

ASPIRE では、旅に出ます。それぞれの偉大な旅はここから始まりますが、多くの人はエゴの問題により、意図した目的地に到達できません。素晴らしいことがどのように進むかについての空想的な物語で自分自身を構築したり、すべてを知っていると信じているだけで、目の前ですべてが消え去り、その理由が理解できなかったりします。過度に膨らんだ自我のこれらの症状を治すには、謙虚さと現実が必要です。

評判の高い外科医は、自分自身を手術するときは大胆な手を使うと言われます。しかし、自分の行為の欠陥を隠す自己妄想のベールを取り除く人は、自分自身に手術を施すことにおいても同様に勇敢です。

--アダム・スミスとクリステン・スペルマン

西暦前 374 年、アテナイの最も優れた教師で弁論学者の一人であるイソクラテスは、アルキビアデスという名前の無名の若者に公開書簡を書きました。

イソクラテスはデモニカスの亡き父親の知人であり、彼の足跡を継ぐことについてのアドバイスを共有したいと考えていたため、デモニカスは父親の死後イソクラテスに会いました。

イソクラテスは実践的なものから道徳的なものまで多岐にわたるアドバイスを提供しましたが、それらはすべて高貴な格言として伝えられ、将来への教訓となりました。

デモニカスも私たちの多くと同じように野心家でした。したがって、イソクラテスは、その道は危険である可能性があるため、彼の野心の方向に進まないようにアドバイスするよう促しました。彼はデモニカスに、謙虚さ、正義、自制心以外の装飾品を身につけないようアドバイスした。なぜなら、これらの美徳は若い登場人物の中で自制心を確実にするからである。適度な快楽や苦痛に屈しないように、自制心を働かせることをお勧めします。イソクラテスはデモニカスに、欺瞞者だけでなくお世辞を言う者に対しても忠告しました。どちらも信頼する人たちに危害を加えるだろう。」

彼は彼に、「近づいてくる人々との関係においては、傲慢ではなく友好的であれ。傲慢さは奴隷にとって耐え難いものでさえある」とアドバイスした。さらに、正しい判断は私たちの最大の資源の 1 つであるため、熟慮はゆっくりですが、決意を迅速に実行してください。常に知性を鍛えてください。それはまさに人類の最大の資産の一つです。」

イソクラテスのアドバイスには、私たちにとって馴染みのあるものがあるかもしれません。2000 年以上後、この言葉は過度のエゴに対する警告としてウィリアムシェイクスピアの著作に取り入れられました。シェイクスピアは、『ハムレット』でイソクラテスの手紙をインスピレーションとして使用し、その役柄ポローニアスがレアティーズに熱のこもったスピーチをし、その最後がイソクラテスの手紙の一節で終わりました。
何があっても、自分自身に正直でいてください。

そして、夜が昼に続くのと同じように、その逆も当てはまります。

誰も騙さないでください。誰にも嘘をつかないでください。

今シーズンもよろしくお願いします！

ウィリアム・テカムセ・シャーマンは、アメリカでの兵役中にイソクラテスの演説などのシェイクスピアのテキストを頻繁に引用し、後にアメリカの最も偉大な将軍および戦略思想家の一人となりました。彼はイソクラテスに直接会ったことはなかったかもしれませんが、イソクラテスの劇への賞賛は彼に強い印象を与え、イソクラテス自身のこの正確な一節を何度も引用しました。

デモニカスの場合と同様、シャーマンの父親は彼がまだ幼いときに亡くなり、彼は指導や保護を求められる大人がいないため、傷つきやすく傷つきやすい状態にありました。トーマス・ユーイング、まもなく米国上院議員となるトーマス・ユーイングは、シャーマンの介護を自分のことのように引き受けた。ユーイングはシャーマンを自分の家族の一員として養子にして育てました。

シャーマンを注目に値するのは彼の台頭である。米国の大統領職を拒否するなどの思い切った措置を取ることは言うまでもなく、地域での成果以上のことは誰も予測できなかった。シャーマンは時間の経過とともに着実に成長しました。突然現れてはすぐに消えてしまうナポレオンとは異なります。

シャーマンは幼少期をウェストポイントで過ごし、後に軍隊に入隊した。数年間の勤務の間、シャーマンは馬に乗ってアメリカ全土を旅し、赴任するたびに知識を獲得しました。南北戦争が勃発すると、シャーマンは任務を提供するためにすぐに東へ向かい、すぐにブルランに配備され、北軍の恥ずかしい敗北となった。シャーマンは指導力の深刻な不足を利用して准将に昇進し、リンカーン大統領およびその最高軍事顧問との会談に呼び出された。シャーマンは旅行中、リンカーンとともに自由に計画を立て、戦略を練ったが、その結論としては異例の要求をした。つまり、他の部隊の指揮を執る必要がないというリンカーンの保証があった場合にのみ昇進を受け入れるというものであったが、これは他のほとんどの将軍が要求していたものだった。リンカーンはすぐに同意した。

シャーマンは今やナンバー2として満足していると感じた。彼は自分自身を個人
として高く評価しており、この役割が自分に最も適していると感じました。野心的
な人が、準備ができていないと感じて昇進の機会を辞退したと想像してくださ
い。それは本当に奇妙に思えますか？
シャーマンは常に自制心と秩序の典型だったわけではない。戦争初期、不十分
な兵力でケンタッキー州を守る任務を与えられたとき、彼の躁状態と疑いの傾向
が爆発的に結合した。シャーマンは補給不足と敵の動きについての被害妄想を
訴えていたが、調子を崩し、数人の新聞記者に失礼な発言をしたため、一時的
に指揮官から外され、再び完全に調子を取り戻すまでには数週間の休養が必
要となった。それは、成功を収めてきたキャリアパスの中で、ほとんど壊滅的な
瞬間に遭遇したものの１つでした。

シャーマンはこの短いつまずきの後、頭角を現し、そこから学んで力強く立ち
直った。たとえば、ドネルソン砦の包囲中、彼はユリシーズ・S・グラント将軍の上
級官職にあったが、自ら命令を下す代わりに、喜んで彼を支援し援軍することに
した。シャーマンはグラントに、このショーが彼のものであると伝える物資を添え
たメモを送った。私が提供できるサポートが必要な場合は、私に電話してくださ
い。彼らは協力して、北軍の最初の戦争勝利の一つを共に勝ち取りました。

過去の成功に基づいて、シャーマンは今では悪名高き海への行進を提唱した。
この大胆な計画は、閃きによるものではなく、若い将校が偵察し研究する前哨
基地として、かつては無関係で無意味に思えた正確な地形に基づいたもので
あった。青年将校としての任務の一環として。

シャーマンはかつては慎重だったが、今では自信を持っていた。そして、大きな
野心を持った多くの人と異なり、シャーマンは、伝統的な戦闘に次ぐ戦闘を行う
ことなく、チャタヌーガからアトランタ、そしてアトランタから海に向かう旅の途中
で、それぞれの移動を慎重に計画することでこの尊敬を勝ち取りました。軍事史
を学ぶ人なら誰でも、目的ではなく虚栄心に基づいて同様の侵略が行われた
場合、おそらくまったく異なる結果をもたらしたであろうことを理解できるでしょう。

彼は現実的な見通しを利用して、他の人が不可能だと考えていた南部経由の
選択肢を特定しました。彼の機動戦の手法には、正面からの攻撃を意図的に避
けたり、激戦を仕掛けることで強さを誇示したりすることが含まれていた。そして、
反応を引き起こすことを目的とした批判を無視すること。したがって、挑発するこ
とを意図した批判に注意を払うことなく、コースを維持し、彼の計画を実行しま
す。

第一次世界大戦の終わりには、シャーマンはアメリカで最も有名な人物の一人
になっていたが、公職に立候補したり、政治に関与したりする野心はなかった。
彼の唯一の望みは、ただ自分の仕事をこなし、任務が完了したら退職すること

だった。シャーマンは、その後の賞賛や注目を無視して、グラントにこの将来について「気をつけろ」と警告した。
ナチュラルで素直なあなたの輝く自分は、灼熱の夏の日の海風のようです。」

シャーマンの伝記作家の一人は、私たちに彼と彼の功績についての驚くべき概要を提供してくれました。したがって、彼は私たちの上昇のこの段階における私たちのモデルになります。

名声を獲得し、リーダーシップを発揮する男性には 2 つのタイプがある。そして、実際の成果を通じて徐々に自信が高まっていく人。後者のタイプの男性にとって、成功は予期せぬ贈り物として訪れることが多く、その果実はよりおいしいものになります。しかし、その消えない疑念の中に、真の謙虚さ——不誠実な自己卑下ではなく、ギリシャ語で言うところの「節度」——ポーズではなく、落ち着きが眠っている。

自分に対する私の信念が実際の成果に依存していないとしたら、その根拠は何なのか、と自問する必要があります。悲しいことに、最初は答えが何もない、あるいは私たちのエゴであることがよくあります。これは、急激な上昇の後に急激な下落が起こることがよくある理由を説明しています。

それで、あなたはどのタイプの人になりたいですか？

私たち全員と同じように、シャーマンも若者として人生を生きていく中で、才能、野心、激しさのバランスをとらなければなりませんでした。これらの側面をうまく管理できたことが、その後の人生を変える成功に大きく貢献しました。

これはすべて混乱しているように聞こえるかもしれませんが、これはすべて驚くべきことではありません。イソクラテスやシェイクスピアは、原則に支配され、自己完結型で自発的な個人になることを私たちに望んでいた一方で、私たちの多くはそうではないように訓練されてきました。私たちの文化的価値観は、権利の検証への依存を奨励することがよくあります。親たちは何世代にもわたって自尊心を築き上げてきましたが、著名人たちは私たちにインスピレーションを与え、励まし、やりたいことは何でもできると保証することに重点を置いています。

実際、これは私たちを脆弱にします。そう、あらゆる才能と、行き先を行く不思議な少年や少女としての約束を備えたあなたでさえもです。私たちはあなたが約束を持っていることを当然のことだと考えています。だからこそ、あなたは現在通っている名門大学に入学し、事業資金を確保し、採用や昇進を果たし、訪れたあらゆる機会を受け取っているのです。アーヴィング・バーリンが言ったように、「才能は出発点にすぎません。問題は、どうやってそれを実現するかということです」有効に使ってください。」

それを最大限に活用しますか、それともあなた自身が最大の敵になるでしょうか?

たった今燃え上がっている炎を消してくれませんか?

私たちがシャーマンに見るのは、地に足が着いて現実とつながっている男性でした。彼は何もないところから生まれ、何の権利も感じずに偉大なことを成し遂げました。むしろ、彼は定期的に他の人に優先し、たとえそれが自分自身の栄光や名声を減らすことを意味したとしても、勝利チームに貢献することに満足以上でした。何世代にもわたる少年たちがピケットの壮絶な騎兵突撃についてしか知らなかったのに、シャーマンは魅力のない現実主義モデルとして忘れ去られ、あるいはさらに悪いことに、価値の低い人物として攻撃されたのは残念だ。

自分の能力を客観的に評価できることが最も重要であると主張する人もいるでしょう。それがなければ改善は不可能であり、私たちのエゴがこの課題をあらゆる場面でますます困難にしています。代わりに自分の才能や強みに焦点を当てることは快適で楽しいかもしれませんが、そうすることは傲慢、自己没頭、空想、または「ビジョン」に陥り、成長を遅らせるだけです。

この段階では、エゴの解毒剤として無執着を養い、客観的な立場から自分を見る練習をすることが重要です。自分の仕事に感情的に執着するのは簡単です。ナルシストなら誰でもできるでしょう。偉大な仕事を区別するのは、謙虚さ、勤勉さ、そして自己認識です。

あなたの作品が何らかの意味を持ち、持続するためには、真実を反映している必要があります。したがって、短期的なトレンド以上のものになるためには、長期的にコミットする準備ができている必要があります。

私たちの目標は高いかもしれませんが、それを実現するためには行動し、小さく生きなければならないことに気づきます。評価やステータスよりも教育を優先することで、私たちの目標は壮大なものではなく、時間をかけて成長するという、一度に一歩ずつの反復的なものになります。

攻撃性、激しさ、自己陶酔、絶え間ない自己宣伝により、競合他社は、個人としての自分たちを損なうような攻撃的な行動をとることで、自分自身の努力(精神的健康は言うに及ばず)を危険にさらしていることに気づいていないことがよくあります。集団的な努力も同様です。私たちは、疑いも内省も欠いている自信満々の天才と、仕事のために健康を犠牲にする痛みを抱えたアーティストの両方の通説に挑戦します。この2人は、周囲の人々から孤立している一方で、現実から切り離されているように見えますが、それは、深くつながり、認識し、周囲のあらゆるものから学ぶことによってです。

チャーチルは賢明にも、事実は夢よりも優れていると示唆しました。

私たちは偉大なビジョンを多くの人々と共有していますが、そこに至るまでの道は他の人々とは大きく異なります。シャーマンとイソクラテスに従って偉大さを目指す旅を続ける私たちは、エゴが事態を悪化させるだけであることを理解しています。成功は私たちを弱めるのではなく、むしろ強化するはずです。

第4章: トークトークトーク

知っている人は声を上げない。

話す人がすべての関連情報を持っているとは限りません。

--老子
アプトン・シンクレアは、有名な1934年のカリフォルニア州知事選挙運動中に型破りな一歩を踏み出した。選挙活動資料の一部として「私、カリフォルニア州知事と私はいかにして貧困を終わらせたか」と題する短編本を出版し、実際に知事選に勝利する前に知事として制定されたすべての政策を詳述した。オフィス！

シンクレアは、型破りなキャンペーンからのこの型破りな動きを利用して、作家としてのシンクレアの重要な資産、つまり他の政治家よりも有権者と直接つながる能力を利用した。この本を出版した時点では、彼の選挙運動は常に予想外でほとんど実行不可能であったが、観察者たちはすぐにその効果を目にした——有権者ではなくシンクレア自身に！キャリー・マクウィリアムズは後にシンクレア氏の知事選が失敗に終わったことについて、「アプトン氏は選挙運動に幻滅しているようだった。なぜなら彼の鮮やかな想像力はすでに『私、カリフォルニア州知事』という知事としての役割を果たしていたからである。それではなぜわざわざするのか？」と書いている。

シンクレアは並外れた作家でした。しかし、彼の選挙運動は惨めに失敗した。シンクレア氏は10パーセントポイント以上の差で敗れ（25万票以上が反対票を投じた）、おそらく最初の近代的な選挙となったであろうこの選挙で完全に敗北した。何が起こったのかは極めて明白だ。シンクレア氏は選挙運動中に自分の行動を先取りしてあまりにも早く発言し、国民の認識に不釣り合いに映ったことで彼らの決意は揺らいだ。彼の本はベストセラーになったが、すぐに選挙運動が先を行きすぎて有権者がその意味を理解できなくなった。多くの政治家も、自分たちの公共イメージを最新の状態に保つために、そのような本を書いています。それは十分に定期的に起こります。

誰もが進歩を妨げる誘惑に直面します。口論や誇大宣伝が行動の代わりになる可能性があります。Facebookはユーザーに「今日の考えは何ですか？今すぐ投稿を作成してください！」と尋ねます。

Twitter は私たちに会話に参加する機会を提供します。Tumblr、LinkedIn、そしてあなたが読んだばかりの記事のコメント セクションはすべて、私たちが送信できる新しいツイートを提供します。

空白のスペースには、私たちが次に何をしようとしているのか、そしてこれから起こることへの希望や希望についての考え、写真、ストーリーが埋め込まれています。テクノロジーはあなたに質問をし、促し、対話を開始します。

ソーシャル メディアでのパフォーマンスは、ほぼ常にポジティブな傾向があります。私たちは自分の状況や、自分自身や他人にとって物事がどれほどうまくいっているのかについて楽観的に説明する可能性が高くなります。残念ながら、これが現実を反映していることはほとんどありません。時には、助けが必要だとか、自分たちも苦労していると言われ、取り組む必要があるすべてのことを、あるいは財政などもっと差し迫った問題が起きるまで脇に置いておくこともあります。

旅の初めには、私たちは興奮と緊張の両方を感じる傾向があります。そのため、私たちは内側を探すのではなく、外側の快適さを求めます。各人は、労働組合と同じように、必ずしも悪意があるとは限りませんが、できる限り仕事をしないことでできるだけ多くの世間の評価と注目を求める無意識の側面を持っています。この側面を私たちは「エゴ」と呼びます。

エミリー・グールド（本物のハンナ・ホーバスです！）は、小説を出版するための2年間の奮闘の中で、このことに気づきました。彼女は6桁の契約オファーを受け取っていましたが、オンラインで時間を費やしすぎたため、行き詰まってしまったと感じました。

2010年のほとんどは、ツイートしたりスクロールしたりして、ぼーっと過ごしていました。お金にはなりませんでしたが、仕事のような気分でした。私の習慣は、自分のブランドの構築やブログの作成など、さまざまな正当化によってのみ正当化されます（他人の投稿を「キュレーション」することさえも創造的な活動としてカウントされます！）。ブログは私の唯一の創造性のはけ口でもありました。

簡単に言えば、彼女は、困難なプロジェクトに直面したときに私たちの多くがすることと同じことをしました。彼女は、目の前のことに集中すること以外のすべてを試みました。一年中。実際に書く必要があった小説は未完成のまま放置された。
彼女が嘆いたように、書くという行為自体をするよりも、書くことについて話すほうが彼女にとっては簡単でした。そして彼女だけではなかった。最近誰かが『Working On My Novel』という本を出版したが、その中には明らかに小説の執筆に取り組んでいない作家のソーシャルメディア投稿が掲載されていた。

書くのは難しい場合があります。多くの創造的な行為と同様に、私たちは自分自身や未完成または不十分に見える内容に対してイライラし、怒りを感じることがよくあります。新しいビジネスの立ち上げから特定の技術の習得に至るまで、私たちが取り組む多くの価値ある取り組みには忍耐と勤勉さが必要ですが、話すことは簡単で、常にやる価値があるように思えます。

私たちの社会は、沈黙は弱さの表れであり、無視されることは私たちのエゴにとって死と等しいと考えているようです。そのため、私たちは常に沈黙が悪いことか受け入れられないかのように話したり話したりします。その代わりに、私たちは、静かであることが弱さを示すことを意味するか、無視されることが死を意味するかのように、休みなく話し続けます（これは個人にとって真実であることがよくあります）。そのため、私たちは沈黙が弱さを示すか、社会全体から弱者とみなされているかのように際限なく議論を続けます。
キェルケゴールが彼の哲学的著作の一つで警告したように（そして皮肉にも彼が強く嫌っていた新聞とそのおしゃべり）、単なる噂話は本当の議論につながる一方で、言われなかったままのことを大声で話すと行動が起こされなくなり、さらに弱体化してしまうのです。

会話は、知らず知らずのうちに誘惑的なものになる可能性があります。子供を含む誰もが自分の考えを話すことができます。ほとんどの人は誇大宣伝や販売戦略に熟達しています。珍しいことですが、さらに珍しいのは沈黙です。会話を確認せずに生きている間、意図的に会話から遠ざけることができます。沈黙は、自信と強い人だけがアクセスできる安らぎを提供します。

シャーマンは自分が説いたことを実践しました。絶対に必要になるまで、自分の考えや行動の理由を決して言わないでください。野球とフットボールの伝説的人物、ボー・ジャクソンは、オーバーンのアスリートとして達成したいと考えていた2つの目標を設定しました。それは、ハイズマン・トロフィーを獲得することと、NFLドラフトで全体1位を取ることです。彼はそのことを誰に話したのでしょうか? 彼のガールフレンドだけでした。

他の人が話しているときに沈黙を守ることで得られる利点は、戦略的な柔軟性だけではありません。心理学も重要な役割を果たしており、ヘシオドスは「人間の最大の宝は経済的な舌にある」と述べ、それを明確に理解していました。

話は私たちを消耗させます。話すことと行うことは、限られたリソースを奪い合います。研究によると、目標を視覚化することは有益ですが、時間が経つにつれて、私たちの心はそれを本当の進歩だと勘違いし始めることがわかっています。難しい問題を言語化すると、洞察力や突破口が大幅に低下することもわかっています。あるタスクについて考え、説明し、議論することに多くの時間を費やした後、私たちはある程度前進したと感じるかもしれません。物事が困難になると、実際にはまだ最善を尽くしていないのに、私たちは何も最善を尽くしていないように感じます。

より困難な課題、より不確実な結果、より高価な話が増えれば増えるほど、私たちは実際の説明責任から遠ざかることになります。スティーブン・プレスフィールドの言うところの「レジスタンス」、つまり創造的表現の邪魔になる障壁に取り組むために必要なエネルギーを、会話によって奪われてきました。成功には私たちの 100% の努力が必要ですが、その価値を最大限に発揮する前に、話によってその一部が損なわれてしまう可能性があります。

私たちの多くは、圧倒されたり、ストレスを感じたり、やるべきことが多すぎると感じたときに誘惑に負けます。抵抗は、構築段階において常に存在する困難の原因となる可能性があります。問題について話し合うことが役立つかもしれません。
たとえセラピーが必要ないと思っていても、大声で話したり、聴衆の前でパフォーマンスしたりすることは、ほとんど治療効果があります。私は4時間も何かについて話し続けました。それは何の意味もありませんか？いいえ。

これについて考えてみましょう。ある世代の声はそれ自体をそう呼んでいません。しかし、よく見てみると、これらの声が音楽、スピーチ、書籍など、特定の分野で発言することは非常に少ないにもかかわらず、その影響力のあるメッセージはそのような媒体を通じて十分に届けられていることがわかります。

彼らは片隅で静かに働き、内なる混乱を製品に導き、最終的には静けさをもたらします。彼らは、行動する前に承認を求めるあらゆる衝動に抵抗します。あるいは、公の場で注目を集めている他人が不公平な取引を受けているように感じることもあります（実際、彼らはそうではありません）。彼らが話すとき、それは得られれます。

仕事と会話は混ざらない。一方は常に他方を覆い隠します。研究室やオフィススペースに戻る間、周りの人がお互いに話し合えるようにしてください。

それがジムであろうと歩道であろうと関係ありません。顔の真ん中にある、生命エネルギーを奪う可能性のある穴をふさぎ、何が起こるか、そして自分自身にとって状況がどれだけ良くなるかを観察してください。

第 5 章: すべきか、すべきか?

魂はその幼少期には純粋であり、環境との衝突から解放されています。変換されるのを待っている切り取られていないパリの大理石のブロックのように、その可能性は手つかずのままであり、形を整える準備ができています-何?

--オリオン・スウェット・マーデン 近代戦争において最も影響力のある戦略家および実践者の一人は、かつては無名だったジョン・ボイドです。

彼は優れた戦闘機パイロットであるだけでなく、優れた教師であり思想家でもありました。韓国に飛んだ後、彼はネリス空軍基地のエリート戦闘機武器学校に主任教官として参加し、紛争が発生してから40秒以内にどんな位置からでもどんな敵を倒すことができることを意味する「42秒ボイド」として知られるようになりました。その後、彼は国防総省で働くよう慎重に呼び出され、ここから彼の本当の仕事が始まりました。

ジョン・ボイドはほとんどの人に知られていないかもしれませんが、彼が本を一冊も出版しておらず、学術論文が1冊しか出版されていないことを考えると、まったく驚くべきことではありません。残っているビデオはわずかで、メディア記事で引用されることはほとんどありません。30年近くの非の打ちどころのない勤務の後でも、彼は大佐以上の地位に昇進しなかった。

その一方で、彼の理論は、彼の生前およびその後ずっと、軍のほぼすべての部門にわたる機動戦に革命をもたらしました。彼の得意なプロジェクトには、F-15およびF-16戦闘機による現代の軍用機の再発明が含まれていました。これらの航空機は象徴的な軍用機となりました。彼の主な影響力はアドバイザーとして与えられました。彼は伝説的なブリーフィングを通じて、ある世代または別の世代のほぼすべての主要な軍事思想家を教え、指導しました。デザート・シールド作戦に対する彼の貢献は、公式の政策ルートではなく、国防長官との直接会談を通じて行われた。変化は、彼が指導し、保護し、教え、インスピレーションを与えた生徒たちを通して生み出されました。

彼は誰も自分のことを覚えていてくれるとは期待せずに引退した。彼の遺産としては質素なアパートと年金だけが残された。おそらくある時点では、味方よりも敵の方が多かったでしょう。おそらくこの予期せぬ道は意図的に選ばれたのでしょうか？この珍しい旅が実際に彼の個人的な強さを強化するのに役立ったとしたらどうなるでしょうか？
それはどれほど狂っているでしょうか？

ボイドは、自分の指導下で約束を示した有望な若い生徒たち全員に教えたこと、つまり何か特別なことや普通ではないことを達成したい場合に教えたことをただ実践しているだけでした。これらの新星が今日の私たちと多くの共通点を持っていることは間違いありません。

ボイドは1973年に部下の一人に演説した際、このことをはっきりと明言した。彼らの人生の重大な転換点を認識し、彼は彼らを会議に呼んだ - 多くの成績優秀者と同様に、この若い将校は不安定で多感な性格だった - 昇進を望んでいた同時に自分の最高の仕事をしようと努力している。ボイドは自分の弟子のこの潜在的な脆弱性を認識し、こうして伝統となった演説、つまり何世代にもわたる軍指導者の通過儀礼となった演説を行った。

「タイガー、いつか君は道の分岐点に差し掛かるだろう」とボイドは警告した。「そして、どちらの方向に進みたいかを決めなければなりません。その後、ボイドは手で２つの選択肢を示し、タイガーに違いを示すという実演を行いました。彼らは別の選択肢よりも一つの選択肢を選びますが、その道を選べばもっと偉大なものになれるかもしれません。」「代わりにこの道を進んでみてください。その方が大きなチャンスにつながるかもしれません！」彼は強調して提案した。「このクラブの一員となり、昇進し、良い任務を獲得するには、妥協が必要であり、友人との関係を断つ必要があるかもしれない」とボイド氏は説明し、その後、別の道の概要を説明するために立ち止まった。「あるいは、別の道を選択して、国、空軍、そして自分自身のために何か重要な行動を起こすこともできます。昇進や上司からの好ましい任務を座って待っているのではなく、何か建設的なことをすることで、あなたの」

ボイド氏は、この若者と多くの同僚の人生を導くであろう知恵の言葉を述べてスピーチを終えた。「To Be or To Do? どちらの道を選びますか?」

現実は、インセンティブ、コミットメント、評価、政治などの形であろうと、私たちの人生における若々しい理想主義的な期待にすぐに侵入し、それらはすべて私たちの注意を行動から存在へと急速に移す可能性があります。稼ぐことからふりをすることまで、あらゆる段階で私たちのエゴがこの欺瞞を煽ります。だからこそ、ボイド氏は若者たちに、私たちが注意しないと、目標を追求する努力を変え、完全に妥協する恐れのある現実に飲み込まれてしまう危険性があることを理解してほしかったのです。
特定の職業の専門家として、私たちは奉仕の第一の義務であるべきものによって堕落してしまうことが非常に簡単です。

どうすれば脱線を回避できるでしょうか？残念なことに、私たちは往々にして成功のイメージに恋をしてしまい、簡単に脱線してしまいます。ボイドの世界では、これは肩にある星の数と本当の達成を混同することを意味する可能性があります。また、実際の成果を示す指標として、役職や通っていたビジネススクールなどが使用される場合もあります。他の人は、受け取った助成金、CEO に許可されたアクセス、さらにはファン数だけを指標として表示することもできます。

見た目は騙される可能性があります。権威を持っていることと、実際に権威を持っていることは同じではありません。権利を所有することは、正しいことを保証するものではありません。昇進したからといって、質の高い仕事をしているわけではありません。むしろ、それは単に一部の官僚機構において失敗していると考えられるかもしれない。人々に感動を与えることと、本当に驚かせることは大きく異なります。

あなたは誰の側に立ち、どちらの側を支持しますか?人生には多くの選択肢があり、その決断は下されなければなりません。

ボイドは、空軍士官のグループを訪問したり話したりするときに、別の訓練を行った。彼は、黒板に「義務」、「名誉」、「国」という言葉を大きな文字で書き、その後、「プライド」「権力」「貪欲」という他の3つの言葉を横書きで置き換えた。兵士たちが操縦する軍内の多くのシステムや構造は、彼らが守ろうと定めた価値そのものを腐敗させる可能性があるということ - 歴史家のウィル・デュラントは、国家は「生まれながらにストイックで、やがて美食主義者」になる傾向があるとかつて皮肉ったが、ボイドはそのことを、何が起こっているかを書き出すことで非常に生々しく示した。元々はポジティブな美徳が、時間の経過とともに悪くなる。

私たちは、スポーツ、人間関係、プロジェクト、または私たちが深く気にかけている人々など、私たち自身の生活の中で、このことが繰り返し展開されるのを目撃したことがないでしょうか?これがエゴの仕組みです。本当に重要なものを減らして、そうでないものを優先することによってです。

人々は世界を変えたいと願っており、それは素晴らしいことです。自分のやっていることにおいて最高になることを目指すべきです。ただのつなぎ役になりたい人はいません。しかし、ボイドが黒板に書いた 3 つの言葉のうち、どれがあなたをそこに導くでしょうか?あなたは今どれを練習していて、どれがあなたにエネルギーを与えていますか？

ボイドは私たちに重要な決定を提示しました。目的は、「するべきか、それとも行うべきか」という答えに対する洞察を提供します。簡単に。重要なのはあなた、つまりあなたの評判、包摂性、個人的な気楽さであるなら、人々が聞きたいことを話し、静かだが重要な仕事で注目を集め、昇進を受け入れることが、社会で成功した人々が自分自身を向上させるために必要な手段であることは明らかであるはずですそして、彼らのキャリアに沿ってさらに進歩することが前進への道です。

会費を支払い、タスクを完了し、自分の時間を費やしますが、物事は基本的に現状のままにしておきます。名声、給料、肩書きを手に入れて、手に入れたら楽しんでください!

フレデリック・ダグラスはかつて、「人間は自分が取り組むものによって鍛えられる」と述べましたが、これは彼自身が元奴隷として直接知っていたことでした。しかし、自由の身となった彼は、人々がキャリアや人生について行う選択が、自分自身にどのように同様の結果をもたらすのかを目の当たりにした。時間に基づく選択と経済的な選択の両方が影響を及ぼし、自己中心的な道に沿って行われる妥協も含まれる。これにはボイド自身の多くの譲歩が必要でした。

あなたの目的が自分自身よりも大きいとき、つまり何かを達成したり、何かを証明したりすると、すべてが簡単になりますが、同時に難しくなります。何をしなければならないのか、どの活動が自分にとって重要なのかが正確にわかるので、より簡単になります。他の「選択」はもはや気を散らすものとしては適切ではないようです。行うことは認められることよりもやりがいのあることです。妥協する必要はありません。すべての機会は、次のような特定のガイドラインに沿って評価する必要があります。これで、達成すべきことを達成できるでしょうか。そのような評価をするとき、私は無私でしょうか、それとも利己的でしょうか?

このコースでは、単に誰になるべきかということ以上に、「私は人生で何を達成しようと努力しているのか?」ということを取り上げ、個人的な願望や質問は脇に置きます。私は同調したいのか、それとも目立ちたいのか。私は本物の体験を求めていますか、それともまったくユニークなものを求めていますか?

言い換えれば、すべてが妥協のように感じられるため、選択をするのが難しい場合があります。これらの質問に早い段階で対処するのに遅すぎるということはありませんが、早ければ早いほど良いです。

ボイドは紛れもなく孫子やフォン・クラウゼヴィッツ以来、自身の分野を変革し強化させた最大の影響力者であり革新者であり、いかなる反対や抵抗にもかかわらず、障害や敵対者がやるべきことを実行するのを決して妨げなかったことでチンギス・ジョンとして知られるようになった。費用をかけずに;また、彼の倹約的なライフスタイルによりゲットー大佐としても知られるようになりました。彼の死の際、彼は賄賂であると信じていた民間請負業者からの現金化されていない数千ドルの経費小切手を残した。残念なことに、この素晴らしい仕事がなされたにもかかわらず、歴史は彼を、達成されたことと彼の貢献に対する罰として忘れてしまいました。

次回、自分に権利があると感じるとき、自分の名声とアメリカン・ドリームが切り離せないように見えるときは、このことを考慮に入れて、偉人があなたをどう見るか考えてみましょう。

何か決断を迫られたときは、次の質問を考えてください。これは本当に必要なのでしょうか、それとも、これは単なる私のエゴなのでしょうか。私は可能な限り最善の決断を下したでしょうか、それとも賞品はまだ遠くから手招きしているのでしょうか?

第6章: 学生になる

私のトレーニングが失敗したなんて誰にも言わせないでください。

ニューヨーク消防署訓練アカデミーにサインインする

1980年代初頭の4月のある日、あるギタリストにとっては悪夢であり、またあるギタリストにとっては夢のような仕事だった。アンダーグラウンド・メタル・バンド、メタリカのメンバーがニューヨークの老朽化した倉庫で予定されていたレコーディング・セッションの前に突然集まり、デイヴ・ムステインに追い出されると告げ、彼に自分のギターを手渡した。詳しい説明もなくバスパス。

サンフランシスコからの往復航空券。

同じ日、エクソダス・バンドのカーク・ハメットがその役職に選ばれた。事前の適応や計画を立てる時間がなかったので、メタル チャーチの一員としての彼のデビューは、わずか数日後に行われました。

これはハメットが生涯待ち望んでいた瞬間であると容易に推測できますが、実際その通りでした。この時点ではメタリカは小さなサークルでしか知られていませんでしたが、すでに先駆的な曲でスラッシュ メタル ミュージックの限界を押し広げ始めていました。彼らのファンベースはわずか数年以内に急激に増加し始めました。最終的には世界中で１億枚以上のアルバムを販売しました。

この頃、カークは、メタリカへの加入を求められ、メンバーシップを提供されたにもかかわらず、長年のプレーが水準に達していないという、重大な啓示に違いないことを経験した。そこで彼はサンフランシスコの家に戻ったとき、ギターの先生を探しました。言い換えれば、夢のグループに参加してプロになったにもかかわらず。カークはメタリカの一員となったにもかかわらず、まださらなる指導が必要だと主張した。興味深いことに、彼はスティーブ・ヴァイのような音楽の天才と仕事をしたことで知られる人物を探しました。

ジョー・サトリアーニはハメットによってインストラクターとして選ばれ、後に史上最高のギタリストの一人となり、彼のユニークな音楽ブランドで1,000万枚以上のレコードを販売することになります。小さな音楽学校で教えられました。
サトリアーニの珍しいプレースタイルはハメットにとってありえない選択となった。しかし、それがまさに重要な点でした。カークは、今追求する機会を得たこの新しい音楽ジャンルを探索するという目標の一部として、自分の知らなかったことを学ぶ必要がありました。

サトリアーニはハメットに何が欠けていたのかを明らかにしている——それは才能ではなかった。「カークは到着した時点ですでに並外れたギタリストでした。彼はほとんどのコードを知っており、到着した時にはシュレッドすることができました。残念ながら、名前とつながりをまったく覚えていませんでした。」

サトリアーニ氏は、ハメットが他の教師から受け入れられない厳しいレッスンに喜んで耐えたおかげで、仲間の中で目立っていたと説明した。「彼は並外れた生徒だった。同時代の多くの人は、私がこんなに熱心な教師だったことに腹を立てて帰ってしまうだろう！」

サトリアーニのシステムは単純だった。理解する必要があるレッスンが毎週あり、ハメットが利益を得ることができなかった場合、彼女はレッスンを放棄し、わざわざ戻る必要はなかった。カークは2年間にわたりサトリアーニの要求に従い、毎週戻ってきてフィードバック、評価、楽器の練習を行い、すぐに数千人、次に数万人、最終的には数十万人の前で演奏することになりました。2年間の勉強期間が終了した後、彼はバンドと一緒に取り組んできた新しいリックやリフをサトリアーニに披露し、より多くのものを求める本能を抑え、より少ない音符でより多くのことを行い、より集中することを学びました。それらの音をそれに応じて表現する前に感じてください。アーティストとしてもプレイヤーとしても常に同等に向上します。そのたびに、彼はプレイヤーとしてもアーティストとしても大きな進歩を遂げた。

学生であるということは、単に指導を受けることだけではありません。それはまた、自分のエゴと野心を他人の手に委ねることになります。そこにはエゴの上限が課せられています。人は、彼らが見習う人々を出し抜いたり、出し抜いたりすることは不可能であると認識しています。あなたはそれらに服従し、それらに自分自身を包摂します。教育は「ハッキング」できないので、偽物は受け入れられません。近道はありません。そうでなければ、彼らはあなたを落とします。

人間として、私たちは誰かが自分より優れていることや、学ぶ必要があることがまだたくさんあることを思い出されることを嫌います。私たちは自分の仕事が完了し、人生が満ち溢れることを望んでいます。これは受け入れがたいことなので、才能の評価を下向きに更新することは習熟の一環とみなされることがよくあります。しかし、知識を装うことは依然として私たちの最大の脅威です。怒りは危険な悪徳となり、私たちの進歩を妨げます。自己評価は重要な解毒剤となります。

注目すべきことに、ハメットは史上最高のメタルギタリストの一人となり、スラッシュメタルをアンダーグラウンドのムーブメントから世界中で確立されたジャンルに変えました。さらに、サトリアーニのレッスンは彼自身のテクニックを磨き、自分自身をさらに向上させるのに役立ちました。どちらも音楽の世界に革命をもたらしながら、スタジアムを満員にすることになる。

総合格闘技の初期のパイオニアであり、複数のタイトルを獲得したフランク・シャムロックは、「プラス、マイナス、イコール」として知られるアプローチを採用しています。彼によれば、格闘家が偉大になるためには、学ぶことができる優れた人物が必要だという。彼らを教えるのを助けることができるより劣った人。そして、彼らが競争し、自分自身を試すことができる対等な相手です。

シャムロック氏の成功の方程式は単純明快です。それは、あらゆる角度から、知っていることと知らないことについてのリアルで継続的なフィードバックを受け取ることです。これを行うことで、目的は単純です。学習を阻害する可能性のある利己主義、恐怖、怠惰だけでなく、改善に向けて一歩も進めずに惰性で過ごしたくなる可能性のある怠惰を一掃することです。シャムロックが指摘したように、自分自身についての誤った考えは私たちを破壊します。「謙虚さを保つことが武道のすべてです。信頼できる人の下に自分を置くだけです」私たちは自分自身について抱きます。

学術的な考え方は戦闘や音楽に限定されません。科学者、哲学者、ソクラテスのような哲学者は皆、核となる科学原理と最先端で起こっている発展の両方を知るために学生の考え方を必要とします。作家は正典を知らなければならないと同時に、現代の作家からも挑戦を受けています。歴史家には専門分野だけでなく、古代史と現代史に関する包括的な知識が必要です。プロのスポーツ選手はコーチを雇うことが多く、有力な政治家は顧問や指導者を雇うことが多いです。

なぜ？人々が偉大になり、偉大であり続けるためには、これまでに何が起こったのか、現在何が起こっているのか、そしてこれから何が起こるのかについての包括的な知識が必要です。彼らは、時間の経過とともに停滞することなく、自分の領域の中核要素を内面化する必要があり、常に学習に努めます。すべての人は自分自身の教師、家庭教師、批評家になるべきです。

ハメットなら何ができたか想像してみてください。あるいは、突然自分があらゆる分野のロックスターになったらどうするか。「やった！到着した！」という誘惑は誰にでもあります。
他の男はそれほど能力がなかったため、彼らは私に決めました。もし彼らが私の代わりに他の人を選んでいたら、バンドは成功しなかったかもしれません。80年代の忘れ去られたメタルグループはすでにたくさんあります。

有能な生徒はスポンジのように行動します。周囲のものすべてを取り入れ、必要に応じて濾過してから、把握できるものはすべて掴みます。真の学習者は自己批判的で自発的であり、新しいトピックや課題にすぐに移れるよう、常に理解を向上させようと努めています。真の学習者は、自分自身の教師および批評家としても機能し、どちらの役割にも高慢なエゴイズムが入り込む余地はありません。

自己認識が特に重要な例として、再び戦いを考えてみましょう。対戦相手は常に強さと弱さを一致させようとします。毎日の学習と練習、常に改善点を探し、自分の欠点を特定し、仲間や対戦相手からテクニックを借りなければ、戦闘機はすぐに壊れて敗北してしまいます。

私たちは本当にお互いにそれほど違いがありますか？確かにそうではありません - 私たちは皆、何かのために、あるいは何かに対して戦っているのではないでしょうか？目標を達成するために一人で努力していると思いますか？確かにそうではありません - あなたがその真鍮の指輪だけに手を伸ばしているなんて、信じられません!

多くの場合、偉大な達成者がいかに謙虚であったかに驚く人がいます。なぜこれらの人々は攻撃的でもなく、権利もなかったのかと人々は疑問に思うかもしれません。彼らは自分たちの偉大さや運命に気づいていないのでしょうか？現実には、これらの野心的な偉人たちは自信を持っていましたが、絶え間なく学習することで現実にしっかりと根を張り、謙虚さを保っていました。

エピクテトスは、私たちがすでに持っているものを学ぶことは不可能であると言います。「すでに知っていると思っていては学ぶことはできません。さらに、自信が強すぎると、答えを明らかにしてパフォーマンスを向上させるために必要な質問をすることができなくなる可能性があります。より良くなるためには、必要なことが必要です」高慢な自信や自分はすでにすべてを知っていると考えるのではなく、質問すること! エピクテトスは、研究をさらに進める前に、何かについてすべてを知っていると考えるのはやめようとアドバイスしています。

人生では、あらゆる形のフィードバック、特に厳しいフィードバックや批判的なフィードバックを受け入れる能力が必要です。厳しいフィードバックを受け入れるだけでなく、積極的に求める必要があります。友人、家族、脳が私たちがうまくやっていると言っているときでも、否定的なコメントを求めます。しかし、エゴはそのようなアドバイスにことあるごとに抵抗します。彼らはすでに私たちのことを隅から隅まで知っていると思っています。私たちは、現実よりも自分自身の評価を好む、比類のない革新スキルを備えた素晴らしい完璧な天才であると考えています。

エゴはアイデアの適切な孵化を妨げる可能性があります。私たちが最終的になりたいものになるには、多くの場合、特定のトピックや矛盾と何年も格闘する必要があります。謙虚さは、成長を目指しながらも地に足を着かせることができます。

エゴは、私たちは知識が不十分であり、勉強を続けなければならないと主張しますが、自尊心は忍耐力を弱点と見なし、自分の才能に世界で適切なチャンスを与えるのに必要なものを私たちは持っていると考えています。

私たちが自分の仕事を証明するとき、最初のエレベーターピッチの準備をするとき、最初の店をオープンするとき、またはリハーサルで聴衆に直面するとき、私たちのエゴは私たちの敵になる可能性があります。現実から切り離す誤ったフィードバックを私たちに提供し、防御的な役割を果たすだけです。必要です。それは私たちに改善するなと言うことによって私たちの成長を妨げます。そして、期待どおりの結果が得られなかったり、成功がつかの間のように見えるとき、私たちはなぜ他の人の方が優れているように見えるのか、なぜ彼らの成功が自分の成功より長く続くのか疑問に思います。

テクノロジーのおかげで、書籍やコースはかつてないほど手頃な価格になり、教師へのアクセスもかつてないほど簡単になりました。教育を受けないことには言い訳はできません。私たちが持っている豊富な情報のおかげで、その旅は終わりのないものになります。

人生における教師は、ハメットがサトリアーニにお金を払ったように、私たちが直接お金を払った教師だけで構成されているわけでも、必ずしもシャムロックの道場のような訓練道場の一部であるわけでもありません。優秀な教師の多くは無料です。かつては、今のあなたと同じように、若者として目標を共有したボランティアです。多くの人は自分が教えていることさえ気づいていないかもしれません。彼らは、今日私たちが読んでいる本やエッセイを通じて教訓を伝え続ける単なる例や歴史上の人物として機能するかもしれません。残念なことに、私たちのエゴは時々批判に対して非常に敵対的になってしまい、フィードバックがこれらの教師を追い払ったり、私たちの手の届かないところに置いたりすることがあります。

「生徒の準備ができたら、教師が現れる」という古いことわざがあるのはこのためです。

第7章: 興奮しないでください

多くの若者は、自分が見つけたあらゆる分野で満足し、優れた能力を発揮したいと多くの若者を駆り立てる、その「生き生きとした感情」に憧れているようです。偉大になりたいという情熱がなければ、それは何年もかかり、涙を流すかもしれませんが、おそらく、決して有名になることはできません。

情熱、それだけです！自分のものを発見し、それを最大限に生かし、それによって世界にインスピレーションを与えましょう。

人々は情熱を求めてバーニングマンに集まります。TED、SXSW、その他数多くのイベントやリトリートに参加し、それを人生の原動力として宣伝する人もいます。

そして、同じ人たちがあなたに語らなかったかもしれないことをここに挙げておきます。あなたの情熱が、あなたを権力、影響力、または達成から遠ざけている可能性があります。私たちは一生懸命努力しても、人生において情熱が非常に大きな要素であるために、最終的には失敗してしまうことがあまりにも多いのです。

エレノア・ルーズベルトの政治家としてのキャリアの初期の時点で、社会立法に対する彼女の「情熱的な関心」について誰かがコメントした。このコメントは賛辞の意味を持っていましたが、エレノアの反応はそれを支持していましたが、「情熱的」が自分に当てはまるとは信じていなかったということを物語っていました。

静かなヴィクトリア朝の美徳が最後に開花した時期に生まれたルーズベルトは、情熱を超越していた。彼女の人生の方向性と目的は感情ではなく論理によって動かされました。

ジョージ・W・ブッシュ、ディック・チェイニー、ドナルド・ラムズフェルドはイラクに情熱を持っていた。クリストファー・マッカンドレスも「自然の中へ」向かう決意を固めていた。ロバート・ファルコン・スコットも南極を探検する際に同様の動機を持っていました。1996 年のエベレストの悲劇では、多くの登山者が一時的に「ポールマニア」に悩まされました。一方、セグウェイの発明者と投資家は、生活を変える革新的なものを発明したと信じていました。したがって、この画期的なイノベーションの情報を広めるためにすべてのリソースを投入します。
もちろん、これらの才能にあふれた知的な人々は皆、自分たちがやろうとしていることに情熱を持って取り組んでいました。しかし、彼らもまた、周囲の人々が表明する反対や本当の懸念を理解する能力が備わっておらず、理解できないことは明らかです。

これらと同じ概念が、これまで聞いたこともなければ、出港時に自滅したために二度と聞くこともない数多くの起業家、作家、シェフ、経営者、政治家、デザイナーにも当てはまります。すべての好事家と同様に、彼らも情熱を持っていましたが、何かが欠けていました。

誤解のないように言っておきますが、私は思いやりについて話しているのではありません。私がここで論じているのは、別の種類の情熱、つまり抑えられない熱意、目の前に来るものはすべて全力で攻撃するという私たちの意欲です。教師や達人が私たちに教えてくれる私たちのエネルギーの束は私たちの最も貴重な資産です。漠然とした野心的な目標を始めたい、または達成したいという、燃え上がる抑えられない欲求。しかし、この一見無害な動機は、実際には役立つどころか害を及ぼすことになる可能性があります。

「狂信者」は「狂った人」を表す単なる良い言葉であることを忘れないでください。

UCLAでジョン・ウッデンとともに全米選手権を3度制覇し、当時ほとんどの人にカリーム・アブドゥル＝ジャバーの愛称で知られていたルイス・アルシンダー・ジュニアは、かつてウッデンのコーチスタイルを一言で言い表した。それは「冷静」だった。ウッデンは、そうした余計な感情を重荷とみなした。その代わりに、彼の哲学は、情熱の奴隷になるのではなく、自分をコントロールして自分の仕事を遂行することに焦点を当てていました。これは、ルイス・アルシンダー・ジュニアが最終的にウッデンの下で学んだものです。

エレノア・ルーズベルト、ジョン・ウッデン、カリームを無関心または消極的な人物だと評する人はいないだろう。誰も彼らを熱狂的だとか、過度に熱心だと呼ぶことはできませんでした。アメリカで最も強力な女性活動家の一人であり、間違いなく最も重要なファーストレディであるルーズベルトは、主にその優雅さ、落ち着き、そして方向感覚で知られていました。ウッデンが12年間で10のタイトルを獲得したのは、選手たちと協力して試合に勝つためのシステムを考案したからです。興奮によって動かされるのではなく、時間をかけて選手の知名度を高めていきました。

私たちの取り組みでは、これまで経験したことのない複雑な問題に直面することになります。通常、チャンスは、参入するために勇気と大胆さが必要とされる深い淵には現れません。その代わりに、チャンスは隠れたり、埃をかぶったり、さまざまな形の抵抗によって妨げられたりする可能性があります。ですから、ここで本当に必要とされるのは、明快さ、慎重さ、そして方法論的な決断です。
しかし、あまりにも多くの場合、次のように進みます…

インスピレーションが湧く: 私の目標は、これまでに見たことのない最大規模の＿＿＿＿＿を行うことです。最善を尽くす。

＿＿＿＿＿は「最も多いもので最も早いもの」です。

アドバイス: それを達成するためには、段階的に必要なことは次のとおりです。

現実の確認: 私たちは自分が望むことだけを聞いたり実行したりするため、多くの場合、予期していなかった道に導かれ、予想以上の混乱に終わります。

私たちは成功した人々とその情熱についてしか聞かないので、失敗にも同じ性質があることを忘れてしまうかもしれません。私たちは過去を振り返るまで、その結果を完全に認識することはできません。セグウェイの発明者であり投資家でもあるチャールズ・セグウェイの場合、自社製品には実際に存在するよりもはるかに大きな需要があるという誤った想定がありました。イラク侵攻が始まる前、その支持者たちは、それが彼らが心から信じたいと思っていたことに反するため、しばしば反対意見や否定的なフィードバックを無視した。残念ながら、『イントゥ・ザ・ワイルド』で見られたように、そのような無知が悲劇的な結果をもたらしました。ロバート・ファルコン・スコットは、潜在的なリスクを考慮せず、自信過剰と無謀な熱意によって間違いを犯しました。ナポレオンがロシアへの侵攻を考えていたとき、感情が高ぶっていたのではないかと私たちは想像します。最初に連れて帰った兵の半分だけを連れて戻ってきて、その苦しみから解放されて初めて、彼の情熱は静まった。他にも、過剰投資や過小投資、準備が整う前に行動したり、デリケートなアイテムを壊したりして危害を加えた例はありますが、上で挙げた例ほどひどい例はありません。

情熱はしばしば弱さを隠すのに役立ちます。その息苦しさ、衝動性、狂乱性は、規律、熟達、強さ、目的、忍耐に代わる貧弱な代替品として機能します。他人と自分自身の両方にこの特性があることを認識できるはずです。なぜなら、その源は十分に誠実であるように見えますが、その影響はしばしば滑稽なものになったり、さらに悪化したりするからです。

自分が誰になりたいのか、成功の目標、そしてそれがいつ実現する予定なのかを詳細に説明できる場合、情熱があることは明らかです。場合によっては、おおよその日付を示したり、そのような目標に関して抱いている正当な懸念を詳細に説明したりすることもできます。こうした人々は、これからやろうとしていること、またはすでにやり始めていることをすべてリストアップすることはできますが、その進歩が目に見える形で表れることはほとんどありません。進歩がない＝情熱！

忙しいのに重要な仕事を何も達成できないということがどうしてあり得るでしょうか?それが情熱のパラドックスです。

狂気を、異なる結果を期待しながら同じことを何度も繰り返すことと定義できるなら、情熱は精神薄弱の一形態、つまり時間の経過とともにさまざまな形や形をとるものとみなすことができます。
私たちの最も重要な認知機能を意図的に機能不全にすることにより、私たちはその重要性と、私たち自身と社会全体にとっての潜在的な利益を大幅に減少させる危険があります。後から振り返ると残念な結果になることがよくあります。アスファルトに対してタイヤを回転させるだけで無駄な年月を費やした。

ほとんどの情熱的な生き物と同様に、犬も無力感や無力感を避けるのに役立つ短期記憶を持っています。しかし、私たち人間にとって残念なことに、最終的には現実が優勢となり、私たちが暮らしている幻想はすべて侵食されてしまいます。

人間は根本的に、進歩を成功させるために目的と現実主義を必要とします。目的は境界のある情熱とみなすことができます。一方、リアリズムは無執着と視点をもたらします。

若い運動や新しく設立された運動は、多くの場合、物事をゆっくりと進めることが直観に反しているように思えるほどの激しい情熱を経験します。残念なことに、私たちは、過度に努力したり、燃え尽きたりしても、旅のスピードは速くならないということを理解していないことがよくあります。

情熱についてです。(私は＿＿＿＿にとても情熱を持っています)。目的は、のためです。(欲しい ＿＿＿＿)。

＿＿＿＿を完了しなければなりません。私がここにいる目的は＿＿＿＿であり、この目標を達成するためには、どんな困難や不便でも粘り強く乗り越えるつもりです。

目的は「私」以外のものであり、個人のアイデンティティを軽視します。目的はより高い目的を果たす必要があります。

個人的な楽しみのためだけではなく、自分自身を超えた何かを追求するには、目的と現実的な計画が必要です。最初のステップはどこで何をするかということです。

最初は何に焦点を当てるべきでしょうか?私たちが行っていることが私たちを前進させると確信するにはどうすればよいでしょうか?私たちはどのような基準に基づいて自分自身を測定しているのでしょうか?
「大きな情熱は希望のない病気である」とゲーテは言いました。このような極端な感情や病気に対抗するために、意図的で目的を持った人々は、専門家を雇い、彼らを活用するという別のレベルで活動します。最初の一歩を踏み出す前に、不測の事態に備えて計画を立てる前に、何がうまくいかないのかなどの質問をしたり、例を探したりします。利益を固定する前に小規模から開始し、それらの利益を継続的に積み上げながら、直線的ではなく指数関数的に増加させます。

反復的なアプローチは、マニフェストやひらめき、誰かを驚かせるために国中を飛び回ったり、4,000 ワードの電子メールを書いたりすることよりも興奮が少ないでしょうか?もちろん。自分を信じているので、全力を尽くしてクレジットカードを最大限に活用することよりも魅力的で大胆ではありませんか?もちろん。スプレッドシート、会議、旅行、電話ソフトウェア ツール、社内システムも同様ですが、おそらく利点が欠点を上回っているのではないでしょうか?
有名人向けに書かれたハウツーに関する記事はすべて書かれています。

情熱は機能よりも形にあります。目的は機能性にあります。

あなたの仕事には、情熱や世間知らずではなく、熟慮と考慮が必要です。

目の前にあるものに興奮したり圧倒されたりするのではなく、目の前にあるものを気の遠くなるようなものとして捉え、関係なくそれをやり遂げる決意をした方がはるかに賢明でしょう。情熱はアマチュアに任せてください。自然なことや自分にとって心地よいことよりも、必要なことをしたり言ったりすることに集中してください。外交官に向けたタレーランの警句「Surtout, pas trop de zele」(「何よりも、熱意を持ちすぎないこと」)を思い出してください。善意で努力したものの効果がなかった古い自分を捨てて、代わりに生産的になることで偉大なことを達成しましょう。

第 8 章: CANVAS STRAT 戦略に従う

偉大な人物は、ほとんどの場合、進んで従うと同時に、率先する能力を実証してきました。

--マホン卿 ローマの文化、芸術、科学には概念がありましたが、現代社会では不完全な類似物しかありません。成功した実業家、政治家、裕福な個人が工芸品（芸術の後援者）として機能する可能性があります。

プレイボーイたちは、さまざまな作家、思想家、芸術家、パフォーマーに助成金を与えるだろう。これらの芸術家たちは、単に芸術作品を制作するために報酬を受け取ったのではなく、保護、食料、道を整えるなどの贈り物のための多くの義務を果たしました。そのような仕事の１つは、「アンチアンブロ」、つまりローマのどこで行われる後援者の旅に沿って障害物を取り除く人になることでした。前任者は道を譲り、常連客にメッセージを伝え、一般に常連客の生活を楽にしました。

マルシャルは有名な警句作家であり、裕福な実業家でストア派の哲学者セネカの弟であるメラの下で最初に仕え、長年この役割をうまく果たしました。その後、彼はペティリウスの下でも仕えた。マルシャルは、サービスを提供し、敬意を払い、見返りとして少額のトークンの支払いや好意を受け取るために、裕福な常連客の家を行き来することに一日の大半を費やした。

マルシャルの問題はここにあった。インターンシップや初級レベルのポジション（あるいはその後の出版社、上司、クライアント）に就いている多くの私たちと同じように、マルシャルも毎分を嫌っていました。彼は、この制度の下で自分が不当に扱われていると信じていた。彼は、自分が仕えていたような田舎の地主のように暮らすことを目指して、後援者や出版社からの恐怖や抑圧なしに自由に作品を創作できるお金と自分だけの財産を望んでいた。彼の著作には、ローマの上層部が自分を不当に無視し、不当に軽蔑していると感じていたことに対するこの軽蔑がしばしば表れている。そのため、彼の著作には、自分に多大な苦痛を与えたローマに対する行為であると彼が信じていたことに対するローマに対する怒りがしばしば描かれている。
マルシャルのフラストレーションは、社会の部外者としての彼の独特の立場が、今日まで存在するローマ文化に対するこれほどユニークな洞察を彼に与えたのだということが見えなくなってしまったのである。もし彼がそのようなシステムを個人的に捉えるのではなく、それらと折り合いをつけることができた、あるいは代わりにその機会を評価する方法さえ見つけていたらどうだったでしょうか?しかしそうではありません。彼らは代わりに彼を飲み込んだようでした。

これは世代や社会を超えて共有される態度です。不満を抱えた天才は、自分の思い通りに人生を歩もうとする一方で、尊敬できない人々のために、楽しくない仕事を強いられます。「よくもこんなふうに私にひれ伏すよう強要するんだ！何という不正義だ！何という無駄なことだ！」

それは、インターンが賃金を求めて雇用主に対して起こした最近の訴訟でも見られます。子どもたちは、自分には十分すぎると感じる何かを引き受けるのではなく、家で暮らすことを選択しています。そして、自分の条件で誰とも会うことを望まないこと、つまり誰かに優位性を与えるのではなく、私たちを一緒に前進させるために妥協したり変更を加えたりすることを望まないこと。彼らに私を責めさせたりはしません。むしろ私たち二人とも何も残らないまま終わってしまうのです！

他の人に奉仕することが屈辱のように見えることを注意深く考えてください。実際、徒弟制度モデルは、これまでに生み出された最高の芸術のいくつかを生み出してきました。ミケランジェロ、レオナルド・ダ・ヴィンチ、ベンジャミン・フランクリンは皆、そのような制度を経験しました。さらに、後でもっと有名になるために役立つ貴重な経験が得られるかもしれません。自分自身が成功しようと努力するとき、この一時的な不便さは考慮に入れる価値があるのではないでしょうか？

誰かが初めての仕事を始めたり、新しい組織に加わったりするとき、よく次のようなアドバイスを受けます。彼らによれば、頭を下げて上司に仕えなさい。当然のことながら、このアドバイスは、他の応募者の中からその職に選ばれた子供や、このような屈辱を避けるために特別に学位を取得したハーバード大学の卒業生には合わないでしょう。

それほど屈辱的に聞こえないように、これを別の言い方にしましょう。このアドバイスは、お尻にキスしたり、誰かを良く見せたりするものとして見られるべきではありません。むしろ、他の人が最高の自分でいられるようにサポートを提供する必要があります。「他の人が絵を描くためのキャンバスを見つける」という方が適切かもしれません。あなたは「アンチームブロ」となって、彼らの行く手を阻む障害物を取り除いて、彼ら自身の道があなたの下に開かれるまで、そして最終的にはこの道があなた自身の道になるでしょう。

始めることは恐ろしいかもしれません。私たちは、次のような重要な現実を確信することができます。

1) あなたは、自分が思っているほど重要でも優れた存在でもありません。2) あなたの態度は調整する必要があります。3) 本や学校を通じてあなたが知っていること、または学んだことの多くは、もはや最新ではないか、不正確である可能性があります。

こうした緊張と混乱を軽減するための優れた方法の1つは、すでに成功している人々や組織と連携し、自分のアイデンティティを彼らのアイデンティティに取り込み、両方を同時に前進させることです。個人の栄光を追い求めることはより魅力的に見えるかもしれませんが、それが永続的な成功をもたらすことはほとんどありません。従うことが前進への道です。

このような態度には別の利点もあります。キャリアの重要な瞬間にエゴを下げるのに役立ち、他の人の進歩に障壁を作らずにすべてを吸収できるようになります。

誰もおべっかを支持しません。むしろ、この実践には、自分の内側から見て、自分ではなく他人のための機会を探すことが必要です。「アンチームブロ」は文字通り、道を切り開くという意味であることを忘れないでください。これは、すでに特定の方向に進むつもりの人が荷物をまとめるのを手伝い、単にそう見えるのではなく物事を改善しながら自分の強みに集中できるようにすることを意味します。

多くの人は、サイレンス・ドッグウッドなどのペンネームで書かれたベンジャミン・フランクリンの有名な手紙をよく知っています。人々はフランクリンを印象的な若き神童とみなしており、彼の最も注目すべき偉業、つまり印刷所のドアの下で提出した手紙を、その後何十年もクレジットされることのないまま書いていたという偉業を見逃している。実際、その信じられないほどの人気を利用して、新聞の一面に定期的にそれらを掲載したのは、オーナーである彼の兄弟でした。フランクリンは、世論がどのように機能するかを理解し、自分の信念に対する意識を高めながら、時間をかけて自分のスタイル、口調、ウィットを完成させました。フランクリンは、キャリアを通じて何度もこの戦略を使用しました。かつて、別の競合他社を弱体化させるために競合他社の論文に掲載したこともありました。それは、他の人を良く見せ、自分のアイデアを他の人に認めさせるという戦略の力を認識していたからです。

ニューイングランド・ペイトリオッツのビル・ベリチックは、多くのコーチが退屈だと感じていた映画分析を愛し、習得することでNFLの階級を駆け上がった。ボルチモア・コルツでの彼の最初のプロフットボールの仕事はボランティアで無給でした。彼の貢献は、当初はより上級のコーチのみに帰されていた弾薬と重要な戦略を提供しました。「彼はスポンジのようにすべてを吸収しました。任務を与えられると、誰にも会うことなく別の部屋に消えました。」それはあるコーチの感想でした。
「彼は完成するまでただ働き続けましたが、その後さらに欲しがりました」と別の者は報告した。ご想像のとおり、ベリチックさんはすぐに給料を受け取り始めました。

ベリチックは高校生としてすでに専門知識を発揮していた。そのため、彼はプレー中であっても非公式のアシスタントコーチを務めることが多かった。自身も海軍のフットボールアシスタントコーチだった彼の父親は、フットボール政治における重要な教訓を彼に教えた。それは、コーチや上司の決定にフィードバックしたり質問したりするときは、関係者のどちらの気分も害しないように、静かにそして控えめに行うことだ。言い換えれば、ベリチックは、誰も疎外したり気分を害したりすることなく、上昇中のスターになる方法を学びました。言い換えれば、彼はキャンバス戦略をマスターしたのです。

権利と優越感に関連する属性、つまりエゴがあれば、これらの人々の業績は不可能になっただろう。もしフランクリンが創造性よりも信用を優先していたら、出版することはなかったでしょう。兄は嫉妬と怒りから彼を物理的に攻撃したかもしれません。ベリチックはおそらく、公の場で自分を軽視したり、雇用主からの無償労働を差し控えたり、結果よりも地位を気にしたり、何千時間もの映画映像をじっと見続けたりすることで、コーチを怒らせたであろう。偉大さは謙虚な起源から生まれます。ハードワークは、多くの場合、その場にいる最も重要でない人物になることを意味します。そうでないことを具体的な結果で証明するまでは！

古いことわざに、「口は少なく、多くを行う」というものがあります。代わりに私たちが本当に目指すべきことは、初期のアプローチに近づくときに、その概念の更新版を修正して適用することです。つまり、より少なく、より多くのことを行うことです。代わりに、あなたが出会ったすべての人に対して、それが自分にとってどのような利益をもたらすかを考えるのではなく、彼らを支援できる方法を探し、彼らの目だけを通してそれぞれの機会を見つめたらどうなるか想像してみてください。時間の経過とともに、これは計り知れない累積効果をもたらします。既存の問題を解決することで、取り組むべき新しい問題を学習します。人間関係を発展させる。不可欠なものになる。永続的な友情を築く。後で必要に応じて利用できる広範な好意のバンクを作成します...

キャンバス戦略は、他人を助けながら自分自身を助けることに重点を置き、短期的な満足を長期的な利益と交換します。他の人が信用と尊敬を求めて努力している間、あなたは信用のことを完全に忘れるべきです。実際、それがあなたの目標であるべきです。元金の支払いを延期しながら、他人に信用を奪ってもらうことです。

戦略は難しいかもしれません。マルシャルのように、従順な人に対して恨みを抱きたくなることもある。そして、より多くのリソースを持っている人を憎むこと。しかし、客観性を保たなければなりません。
彼らはあなたよりも資格があり、経験があり、地位が高いでしょうか?それとも、「仕事や自分自身への取り組みに費やさない時間はすべて時間の無駄だ」と言いますか?このように中傷されたことを防ぐことは、「私は過小評価されることを拒否します」と自分に言い聞かせることを意味します。

これらの感情的で利己的な衝動を克服すると、キャンバス戦略はよりシンプルになります。その繰り返しは無限になります。

上司に提出するアイデアを考え出すところを想像してみてください。知り合いの人、思想家、新進気鋭の人を見つけて一緒に紹介してください。つながりを作る。新たなイノベーションの火花を散らすためにワイヤーを交差させます。誰も取り組みたくないことを発見し、一人でそれに取り組みます。

非効率、無駄、冗長性を見つけます。漏れを特定して修正し、新しい活動領域にリソースを解放します。

さらに制作してアイデアを共有してください。

彼らの想像力を刺激する機会を見つけ、コラボレーションの道筋と人々を特定し、進歩と集中力を妨げる気を散らすものを取り除きます。これは、やりがいがあり、無限に拡張可能な権力戦略です。あらゆる努力を人間関係と個人の成長への投資と考えてください。

キャンバス戦略は、人生のどの時点でも誰でも利用でき、有効期限や年齢制限が設定されていないため、あらゆる年齢や発達段階の人々に適しています。雇用前または雇用中にいつでも開始できます。何か他のことをしながら。新しいことを始めるとき。強力な同盟国やサポートシステムのない組織内。プロジェクト間の移行時。卒業して自分のプロジェクトを主導するようになったとしても、このアプローチの使用をやめることはできないかもしれません。あなたは自分より上の人たちにアドバイスを与えることに集中している間、他の人がそれを自分に当てはめてくれるようにしましょう。

このマントを身に着けると、多くの人が理解できないことがわかるでしょう。道を切り開く人は、キャンバスが絵画を形作るように、最終的にはその方向を形作るのです。

第9章：自制する

私の観察によると、大きな成功を収めた人は「自分を律する」傾向があり、興奮したりコントロールを失ったりすることはなく、常に冷静で、自制心を持ち、忍耐強く、礼儀正しくあり続けています。

若い頃のジャッキー・ロビンソンを知っている人は、彼がメジャーリーグベースボール初の黒人選手になるとは予想できなかったかもしれない。

彼は素晴らしい才能を持っており、最終的には白人の野球に統合することに前向きでしたが、その落ち着きや自制心で正確に知られていたわけではありませんでした。

10代の頃、ロビンソンは少人数の友人たちとランニングをしていたが、彼らはしばしば地元当局とのトラブルに巻き込まれた。ある短期大学のピクニックで、彼は人種差別的な言葉を使った別の学生に異議を唱え、また別の時には、バスケットボールの試合中、激しいファウルをする白人相手に血が流れるほどの勢いで強打した。ロビンソンは、自分を不公平に扱った警察に異議を唱えたり口論したりしたとして、何度も逮捕された。

ジャッキー・ロビンソンは、UCLAに入学する前に、友人を侮辱した白人と喧嘩しそうになり、暴力で反撃しそうになった罪で、刑務所で一夜を過ごした（警官に銃を突きつけられた）。この出来事が人種差別に対する抗議活動を扇動したという噂も浮上した。1944年にキャンプ・フッドで人種差別に対する抗議活動を扇動しただけでなく、基地バスでの人種差別を禁止する法律にもかかわらず、バスの運転手がジャッキーを強制的に後部座席に座らせようとしたこともあった。その後、騒動がさらにエスカレートした後、ジャッキーは指揮官に直接挑戦することでこの対立をさらにエスカレートさせ、その後軍法会議で最高潮に達し、この出来事が原因で無罪となったにもかかわらず、すぐに除隊となったにもかかわらず、その後すぐに最終的に除隊されるまでのいくつかの出来事が引き起こされた。

彼は単に理性や人間性から行動を起こしたわけではありません。それは必要なことかもしれません。なぜ誰かが彼をこのように扱わなければならないのでしょうか？誰もそれを容認する必要はありません。それでも...私たちは皆、自分にとって非常に重要な目標を追求するため、それを達成するためだけにどんなことも我慢します。

ブルックリン・ドジャースの監督兼オーナーであるブランチ・リッキーは、ジャッキーを野球界初の黒人選手としてスカウトする際、一つ質問をした。「あなたには勇気があるか？」リッキーは「反撃しないほどの自制心を持った人を探しているんです」と説明した。一緒に面会した際、リッキーは、ロビンソンがリッキーの挑戦を受け入れた場合に受けるであろうあらゆる種類の虐待を演じた：ホテルの係員が部屋の予約を拒否したり、レストランで失礼なウェイターがいたり、対戦相手が互いに罵り合いながら罵声を浴びせたりするなど、ロビンソンはこれらのことには十分対処できると保証した。大丈夫！

リッキーは何人でも選手を選ぶことができたが、エゴに邪魔されて全体像を見ることを妨げない選手が必要だった。

ジャッキー・ロビンソンが野球のファーム制度を経てプロの階級に上がるにつれて、サービススタッフや消極的な選手からの単なる軽蔑以上のものに直面した。また、彼を中傷、ブーイング、挑発、フリーズさせ、攻撃し、傷つけ、殺害することを目的とした組織的な嫌がらせキャンペーンも行われた。キャリアを通じて彼は72球を打たれた。選手たちに自分を狙ったスパイクでアキレス腱を切り取られそうになった。彼に対して不公平な呼びかけが行われた。試合の中断は彼の思い通りにならなかった...それでもジャッキーは、強い感情にもかかわらず、決して爆発的な怒りに屈しなかった。この9年間、彼は拳で他の選手を殴ることは一度もありませんでした。

今日のスポーツ選手は甘やかされて気性が荒いように見えますが、私たちは当時のリーグがどのようなものであったかを理解していません。テッド・ウィリアムズは、1956年にファンに唾を吐きかけているところを捕まったとき、野球史上最も偉大で最も尊敬されている選手の一人だった。白人選手としてはこれは珍しいことではなく、後に記者団にこう語った。「自分のしたことを後悔していなかった...誰も私が唾を吐くのを止めないだろう!」しかし、ジャッキー・ロビンソンのような黒人選手にとって、この種の行動は考えられず、理解を超えた近視眼的なものであったでしょう。それは彼のキャリアを台無しにし、何世代にもわたって彼の壮大な実験を台無しにすることになるでしょう。

ジャッキーは、自分のエゴと、時には人間としての公平性や権利に関する基本的な概念の両方を脇に置く必要がありました。フィラデルフィア・フィリーズの監督ベン・チャップマンは、キャリアの初期段階で、ある試合でジャッキーを「彼らはジャングルで待っているんだ!」と罵倒し、特に残酷な態度をとった。彼は何度も叫びました。その後、（白人の息子の一人を自分のものにしたいにもかかわらず）彼らが彼をそこに連れてほしくないと嘲笑した後、ジャッキーはチャップマンに嘲笑されたことに不快感を感じたにもかかわらず、反応しませんでした。ベン・チャップマンは、白人の息子を欲しがったり、手に入れようとしたりしたにもかかわらず（自分も欲しいと思っていたにもかかわらず！）、ジャッキーを終始嘲笑した。ジャッキーは直接反応しないことを選択した。むしろ、後に彼が書いているように、ずっと後になって、チャップマンがジャッキーをマネージャーとして嘲笑したとき、まったく違うものを望んでいたにも関わらず（早くも1932/3/33）このマネージャーのように嘲笑されたことに応えて、ベン・チャップマンによるキャリアの初期のゲームは、ベン・チャップマンのプレー中に特に残酷で、その間ベン・チャップマンは試合中に挑発や挑発によってジャッキーを厳しく嘲笑しました）。後にそのゲームを書いたとき、ベン・チャップマンが単に反応しなかったり、時間が経っても激怒したりしてジャッキーを挑発し続けたとき、ジャッキーは一度も反応しませんでした（後の書き込みにもかかわらず）。その代わりに、時間が経てば白人の息子の一人が来ることを望んでいたにもかかわらず）。その代わりに、ジャッキーは白人の息子が一人来てほしいと願っていたにもかかわらず、それに応えた、とジャッキーは後に書いている）。ジャッキーは単純に反応しなかったし、その試合でチャップマンが試合中に挑発したときも反応しなかった。その時までに、フィラデルフィア・フィラデルフィア・フィラデルフィア・フィラデルフィア・フィリーは、ジャッキーを罵倒し続けたベン・チャップマンとの罵倒に反応し、それを望んでいたにも関わらず反応した。
「私の意図は、憎むべき黒い拳でチャップマンを攻撃し、歯を折ることだった」が、後に彼の仕事を守るために友好的な写真を撮ることに同意した。

一見すると、このような不快なキャラクターに触れたり、ポーズをとったりすると、吐き気がしそうになります。それでもロビンソンは、これをこれまでで最も困難な挑戦の一つと呼んだ。それにもかかわらず、彼は特定の勢力が自分を野球界で餌づけして破滅させようとしているのを理解しており、成功のためにはどのような許容範囲を許容する必要があるかを知っていた——当時彼はそうすべきではなかったが、とにかくそうしたのだ。

私たちがどのような道をたどろうとも、ある意味、私たちがどれだけのナンセンスを許容できるかによって決まります。私たちの屈辱はロビンソンのそれに匹敵するものではありませんが、自制心を保つのは依然として難しいでしょう。

バス・ルッテンは試合前に両手に「R」という文字を書くことが多いが、これはオランダ語で「rustig」がリラックスを意味することを示している。リング上で怒り、感情的になったり、コントロールを失ったりすると、敗北で終わるだけです。ジョン・スタインベックは編集者に「絶望からの逃避として冷静さを失う」と書いた。出版社、批評家、敵、あるいは予測不可能な上司と接するとき、あなたのエゴは役に立ちません。たとえ彼らが理解していなくても、あなたがそうでないと信じていても、そのような対立状況が起こるにはあまりにも早すぎます。。

ああ、それで大学に行ったんですか？それはあなたにこの世界で独占的な権利を与えるわけではないからです。たとえそれがアイビーリーグだったとしても、人々はあなたをぞんざいに扱い、非難するでしょう。そして、100万ドルを獲得したり、複数の賞を受賞したからといって、新しい分野に参入しようとするときに何かが保証されるわけではありません。

あなたの才能、コネ、富に関係なく、社会全体にとって重要な何か大きくて重要なことをしたいとき、他人からの無関心やあからさまな妨害行為に至るまで、無関心やあからさまな抵抗が予想されます。ただそれを頼りにしてください。

この状況で必要なのはエゴではありません。衝動に振り回されたり、自分が人類への神からの贈り物であると信じたり、同意しないことを容認したりするのを拒否するなどの面倒な作業を誰が必要としますか？

自分のエゴを管理することを学んだ人は、他人が自分を悪く扱っても、それが自分を卑下するものではないことを理解しています。むしろ劣化させてしまいます。

今後、軽蔑、解雇、軽犯罪、一方的な議論などが起こる可能性があります。

ある程度譲歩してください。喜んで妥協し、結果を達成するために舞台裏で働きます。

こうしたことはすべてあなたをさらに怒らせ、イライラさせるだけであり、あなたは反撃したくなり、みんなに「私はこれより優れている、もっと価値がある」と言いたくなります。

もちろん、それを人々の顔にこすりつけたいと思うでしょう。さらに悪いことに、彼らが受けている尊敬、評価、報酬に値しない人々が、多くの場合、あなたの犠牲を強いられているのです。誰かがあなたのことを十分に真剣に受け止めていないとき、私たちはそれを正したいという衝動に駆られます。私たちのエゴが認めてほしいと叫ぶとき。彼らに私が誰であるかを思い出させてください！

代わりに、何もしないでください。自分に降りかかったものを受け入れ、気分が悪くなるまで消費し、静かに耐えてより熱心に働き、ゲームをし、騒音を無視してください。どうか神様、何事も気を散らさないでください！抑制は非常に貴重だが難しいスキルである。誘惑が起こるかもしれませんし、どんなに最善を尽くしても完璧になることはありません。それでも挑戦することは必要であり、私たちの生活が十分に変化して完璧が可能になるまで続けなければなりません。

ロビンソンは、28歳でドジャースの一員となる前に、アフリカ系アメリカ人の軍人として、そして将来の才能として、すでに苦難に耐えていた。そのため、彼は成り上がり者としてチームに加入する際にかなりの嫌がらせに直面した。その経験は、彼と契約した各チームでキャリアがさらに進むにつれて、また1965年にチームでの任期が終了したときにさらに悪化した。

それでも、彼は再びこの現実に直面することを余儀なくされました。新しい才能は、認められても認められなかったり、認められても評価されなかったりすることがよくあります。すべての背後にはさまざまな原因がある可能性があります。それは人生の一部です。

ただし、システムが作成されるまではシステムを変更することはできません。したがって、それまでの間、自分の目的を達成するための何らかの方法を見つけなければなりません。たとえそれが、開発のための余分な時間を意味したり、犠牲を払って他の人から学んだり、自分の基礎を築いて自分自身を確立したりすることを意味するとしても。

ロビンソンが成功し、両チームから新人王とMVPに選ばれると、ドジャースでの地位が確実なものとなり、選手としても人間としても自分自身と自分の限界をよりしっかりと主張し始めた。自分のスペースを切り開くと、彼は審判と議論したり、他の選手を後退させたり、メッセージを伝えたりするために、必要に応じて肩を投げるのに十分な自信を感じた。

ジャッキー・ロビンソンがどれほど有名になり、成功しても、彼はファンを侮辱したり、彼の遺産を損なうようなことは決してしませんでした。ジャッキー・ロビンソンは、初日から亡くなるまで一流の演技を披露しましたが、私たち誰もが感じているような痛癪やフラストレーションにもかかわらず、パフォーマーとしての品格を失うことはありませんでした。それにもかかわらず、綱渡りには傲慢さを抑制する必要があることを彼はすぐに理解した。

確かに、そうするパスは多くありません。

第 10 章: 自分の頭から抜け出す

常に自分の心の中に留まるということは、思考に他なりません。したがって、そのような人は現実から権利を剥奪され、空想と幻想に満ちた人生を送ることになります。

マンハッタンのホールデン・コールフィールドは生活に適応しようと奮闘する一方、ロサンゼルスに住む弟のアルトゥーロ・バンディーニは自分自身と周囲の世界と格闘している。

ビンクス・ボリングは、1950 年代のニューオーリンズのアップタウンに住む青い血統の家族の出身で、人生の「日常」から逃れようとしています。

これらすべての架空の人物には共通点が 1 つありました。それは、彼らが自分自身から逃げることができなかったということです。

J・D・サリンジャーの『ライ麦畑でつかまえて』は、大人になることを恐れ、学校に留まろうと奮闘するホールデンを描き、すべてから逃れようと必死になる。ジョン・ファンテの『Ask the Dust』（バンディーニ・カルテット・シリーズの一部）は、人生を実際に直接体験するのではなく、書くことで人生を経験するウィルという別の若い作家を追っている。その瞬間は、実際には彼を主人公として書かれた、書かれていない詩、演劇、物語、またはニュース記事である可能性があります。ウォーカー・パーシーの『The Moviegoer』は、人生における不快な自分の存在を経験するよりも映画を見ることを好むビンクスを中心にしています。

作品に基づいて作家の精神分析を行うことは危険な仕事になる可能性がありますが、これらの小説は有名な自伝です。私たちが各作家の人生を考慮し、彼らの生涯を全体として見ると、事実が明らかになります。J. D. サリンジャーは実際、圧倒的な自己執着感と未熟さによって人々を遠ざけ、彼の天才性を麻痺させていました。ジョン・ファンテは、キャリアのほとんどを無名であることに対する巨大なエゴと不安と闘い、その後、ゴルフコースやハリウッドのバーを支持して小説を完全に放棄し、糖尿病で失明した最後の死の直前まで、新たに本格的に執筆するチャンスを与えました。
『Moviegoer』は、ウォーカー・パーシーが10代の怠惰と40代になっても続いた実存の危機を乗り越えた最初の本だった。

もしこれらの問題にもっと早く対処できていたら、これらの作家はどれほど良くなったでしょうか？彼らの警戒心が強いキャラクターは、読者に歴史上のこの重要な瞬間を思い返すよう促します。

残念ながら、自分の頭から離れられないのはフィクションに限ったことではありません。2000年前、プラトンは人々が「自分の考えを楽しむ」罪を犯していると述べました。当時でさえ、人々は自分の望むものが実際にどのように実現するかについて熟考することを避け、代わりにすべてがどのように展開するかを計画することに喜びを感じ、自分の夢がどのように実現するかを計画することを楽しむのが十分に一般的でした - 想像上の空想よりも現実の人生のほうがずっと怠惰です世界！現実の人々は現実よりも情熱的なフィクションを好みます。

南北戦争参謀のジョージ・マクレランは、偉大な将軍の典型として際立っています。彼が北軍の指揮官に選ばれたのは、ウェストポイント大学を卒業し、戦闘経験があり、歴史を熱心に学び、部下から尊敬されているという、並外れた指揮官の条件をすべて満たしていたからである。

無能で自己中心的な指導者が多い軍隊にもかかわらず、なぜ彼は北軍最悪の将軍の一人になったのでしょうか?それは彼が自分の頭の中に閉じ込められていたからです。このような印象的な部隊のリーダーとしての自分に夢中になっていた彼は、自分がその最高司令官であるというビジョンのために、そのすべてから抜け出すことを決して妨げていました。彼は軍隊を十分に準備することができましたが、戦いに導くときが迫り、問題が発生し、管理が困難になりました。

彼は、敵が指数関数的に拡大していること（実際、一時は圧倒的な優位を保っていた）、政治的同盟者からの継続的な脅威と陰謀（そんなものはなかった）、理想的な計画と作戦が必要であること（そんなことはないだろう）、と馬鹿げた確信を持つようになった。仕事）、これらすべてのことが真実になり、彼は事実上何もしなかった...一度に何か月も！

マクレランは自分自身と、自分がどれほど素晴らしいことをしているかということに執着しており、これから訪れる勝利や、大義を救ったひどい敗北について自分自身を祝福していた。誰かがこの慰めとなるフィクションに異議を唱えると、マクレランは理不尽で短気で見栄っ張りで利己的な人物のように反応した。そのような行動はそれ自体許されませんが、彼の上司と彼ら自身にとってさらに深刻な問題を意味していました。この行為は取り返しのつかないほど不快なものであったが、戦争遂行全体にとってはさらに大きな意味を持った。
もう一つの問題は、彼の性格が最も重要なこと、つまり戦いに勝つことを達成するのを妨げていることでした。

アンティータム社でマクレランの下で仕えたある歴史家は、後になってこう述べている、「彼のエゴイズムは単純に巨大だった。それ以外に言葉はない。」ほとんどの人は、大きなエゴは自信に等しいと考えているが、マクレランの場合、この信念が彼を指導し、指揮することを妨げた。必要なときに行動しないように他の人を説得したため、彼は何をする必要があるのか見えなくなりました。

多くの命に壊滅的な影響を与える可能性がなかったら、彼が何度もチャンスを逃したことは滑稽なものだったでしょう。事態をさらに複雑にしたのは、率先して行動するのが得意な2人の敬虔で物静かな南部人、リーとストーンウォール・ジャクソンが、数や資源で劣っていたにもかかわらず、なんとか彼に屈辱を与えたことだった。残念ながら、これはリーダーにも起こる可能性があります。注意する必要があります。

アン・ラモットはこの物語を痛烈に描写している。気をつけないと「KFKD放送局（K-Fucked）がステレオでノンストップで頭の中で再生されるかもしれない」。

あなたの内耳の右のスピーカーからは、自己拡大の終わりのない流れが流れ出てきます。つまり、自分の特別性や、自分が他の人よりもどれほどオープンで、才能があり、優秀で、知識が豊富で、誤解されており、謙虚であるかを語ることです。一方、左側のスピーカーからは自己嫌悪の歌が流れてきます。自分がうまくできていないことや、これまでの人生で犯した間違いのオンパレードであり、それに触れるものはすべてくだらないものになるという疑念や主張が続きます。人間関係がうまくいかない。あなたには無私の愛ができません。才能や洞察力は…などのために存在します…

誰でも、特に野心的な人を除いて、良くも悪くも物語に影響されやすくなるのを避けることはできません。若くて野心的な人（または単に若い野心を持つ人）は、特に「個人ブランド」の維持とマーケティングが不可欠な時代には、自分の考えや感情に流されがちです。私たちは自分自身を宣伝するために物語を語りますが、時間が経つにつれてフィクションと現実の境界を見失ってしまうこともよくあります。

最終的に、これらの障害は私たちを麻痺させたり、仕事をするために不可欠な情報へのアクセスを妨げたりすることになる。それが、マクレランが虚偽であることが明らかであるべき欠陥のある諜報報告書に騙される理由であることが多かった。自分の仕事は簡単だと信じていたため、必要なのは仕事を効果的に行うための情報だけでした。
十分に考えた人にとって、始めることはほとんど単純すぎて簡単でした。

その点では、彼は私たちとそれほど似ていません。私たちは同様の不安、疑い、無力感、痛みを共有しています - 十代の若者たちとは違います！

デビッド・エルカインドが広範囲に調査したように、思春期は心理学者が「想像上の聴衆」と呼ぶものによって特徴付けられます。13歳の女の子が、実際には誰も気づいていない何かの出来事について学校のみんなが話しているのではないかと心配して、とても恥ずかしくて授業を欠席したり、10代の少女が毎朝3

時間鏡を見つめて、一挙手一投足が自分の行動に影響を及ぼしていると確信したりしているところを想像してみてください。メイクさんは周りの人たちに注目されています。彼らは、周りの人たちが熱心に見ていると信じているからそうしているのです。

大人であっても、無邪気に街を散歩しているとき、私たちはこの錯覚に陥りやすいです。ヘッドフォンを接続すると、すぐに音楽が再生されます。ジャケットの襟を少しめくって、いかにクールに見えるかを考えます。私たちは心の目で、これから向かう成功した会議を再現します。私たちが通り過ぎると群衆は散っていきます。私たちは立ち上がる恐れを知らない戦士です。

これはオープニングクレジットのモンタージュから小説の一場面まで何でも構いませんが、これらが良い気分になると、私たちは周囲の生活と関わるのではなく、自分自身の中に閉じこもってしまうことがあります。

エゴは危険な場合があります。成功した人々は、それを統治することを知っています。彼らは、自分が重要であると感じさせたり、自分の視点を歪めさせたりするあらゆる誘惑に抵抗します。たとえば、ジョージ・C・マーシャル将軍は、第二次世界大戦中、歴史家や友人が日記をつけるように頼んだにもかかわらず、日記をつけることを拒否しました。そうすることは、彼の静かな熟考の時間をパフォーマンスと自己欺瞞に変えてしまうでしょう。将来の読者のために下された難しい決断について自分自身を疑ったり、紙上でどのように見えるかを懸念して自分自身を推測したり、など。

テクノロジー関連の新興企業を経営するときも、会社で昇進するときも、情熱的な恋に落ちるときも、私たちは皆、精神的な強迫観念の餌食になる可能性があります。クリエイティブになればなるほど、集中力を失いやすくなります。

想像することは強力であると同時に危険です。それが暴走したときに私たちはその創造力を利用する必要があります。そうしないと、その興奮に我を忘れて知覚を制御することができなくなります。
どうすれば出来事を正確に予測または解釈できるでしょうか?どうすれば空腹感を持ち、意識を持ち続けることができるのでしょうか？どうすれば今この瞬間を感謝できるでしょうか？そして最も重要なことですが、現実的な制約の中でどうやって創造性を発揮できるのでしょうか？

明確に今を生きるには勇気が必要です。抽象的な存在状態に留まらず、たとえそれが不快な場合でも、代わりに現実を受け入れてください。あなたの周りで起こっていることの一部になり、あなたの周りで起こっていることを無視したり無視したりしないようにしてください。ごちそうを食べて、できる限り最善を尽くして調整してください。

誰も私たちがパフォーマンスを発揮することを期待していません。ただ、なすべき仕事と、私たちの周りのあらゆるものから教訓が得られるだけです。

第11章:初期のプライド

プライドが高い人は、物事や人を見下す傾向があります。したがって、上にある
ものを見ることができなくなります。

ベンジャミン フランクリンは18歳で、7か月前にボストンを離れてから意気揚々
とボストンに戻りました。ベンジャミンは誇りと自信に胸を膨らませ、住民と街全体
への希望に満ちて帰還した。

彼は自分自身を誇りに思っていました。彼の新しいスーツ、時計、そしてポケット
いっぱいの小銭は、彼が接触するすべての人、特に彼が最も感銘を与えたかっ
た兄に感銘を与えることは間違いありませんでした。これらはすべて、フィラデル
フィアの印刷工場で働く従業員によるものです。

フランクリンは、町で最も尊敬される人物の一人であり、人生初期からの敵対者
であるコットン・マザーに会ったとき、若い頃の自我がどれほど不条理に肥大化
していたかをすぐに明らかにした。一緒に廊下を歩きながら会話していると、メイ
ザーは唐突にフランクリンにあまり頭を上げないようアドバイスし、代わりに「かが
みなさい！ かがみなさい！」と言った。フランクリンにとって残念なことに、パ
フォーマンスに夢中になりすぎて、うっかり低い天井の梁にぶつかってしまいま
した。マザーは面白く答えてこう言った。「これは、人生を生きていくときに常に
頭を高く上げすぎないよう注意するためのものです。そうすることで、多くの激し
い衝撃を逃すことになります。」

クリスチャンは、プライドが悪であると信じています。なぜなら、プライドは人々
に、自分は実際よりも優れている、神が創造したものよりも優れていると思い込ま
せるからです。プライドはしばしば傲慢さや人間性からの分離につながります。

クリスチャンであろうとなかろうと、このアドバイスを理解するのに宗教的である必
要はありません。自分のキャリアを気にするだけで、たとえ真に賞賛に値する業
績であっても、プライドは単なる障害であり、妄想であることがわかります。

シリル・コノリーは、「神々が滅ぼそうとする者たちは、最初は有望に見える」と述
べたことは有名です。25世紀前、ある挽歌詩人がこれらと同じ詩句を書きまし
た。
テオグニスは友人のクルノスに「神々は滅ぼそうとする者たちに誇りを与えるが、
我々は意図的にこのマントを選んだのだ！」と書いた。

プライドは、成功するための最も重要なツールの1つである心を麻痺させます。
学び、適応し、柔軟になり、人間関係を構築することは、混合に誇りを持ってい

るとより困難になります。最も危険なのは、これは人生の早い段階やプロセスの途中、つまり初心者のエゴが定着したときによく起こることです。自分の能力を過大評価し、他の人たちと同じくらい真剣にプライドを抱くことが、何が危険にさらされていたのかを理解するのは、後になってからです。

プライドがあると、どんな些細な成果も記念碑的なものに感じられます。それは私たちの賢さと天才性を肯定する一方で、私たちがこれまで実証してきたことが単なる前兆であったことを示唆しています。プライドは、その最初から、何かが何であり、何がそうでないかについての彼女の認識を微妙に、あるいはそれほど微妙に変えることによって、所有者を現実から切り離します。これらの強い意見は、事実や成果によって大まかにのみ保証されており、私たちを妄想またはさらに悪いことへの滑りやすい道に導きます。

プライドとエゴが示唆するのは、私は自分自身で冒険をすることに決めたので、自分自身を起業家であると考えているということです。

現在リードしているので、最終的には勝つと分かっています。

私は何かを出版しているので、自分を作家だと思っています。

私が裕福なのは、私がお金を稼いだおかげです。

選ばれたので光栄で特別な気持ちです。

自分を大切に思っているので、自分を信じています。

私たちは皆、いつかはラベル作りに携わりますが、どの文化でもそれに対する警告の言葉があります。魚を釣る前にソースを調理しないでください。調理する前に、まずウサギを捕まえる必要があります。言葉は言葉を通して殺された獲物の皮を剥ぐことはできない。体重を超えてパンチすると怪我をする可能性があります。プライドは往々にして転落に先立ちます。

はっきり言っておきますが、この種の態度は詐欺にあたります。仕事を遂行し、それに必要な時間とエネルギーを投資しているのであれば、すべてが計画通りに進んでいるのであれば、不正行為や過剰な補償は必要ありません。

プライドは狡猾な敵になる可能性があります。ジョン・D・ロックフェラーは、定期的に大声で話したり、日記に次のように書いたりしていた。「あなたは始まってしまったからだ」と自分に忠告していた。「気をつけなければ、そうしないと頭がおかしくなるかもしれない——しっかりしなさい」。

ロックフェラーはキャリアの初期に、初期の成功を経験しました。彼は良い仕事を見つけ、お金を節約し、投資もしていました。彼の父親が詐欺を働く悪徳大酒飲みだったことを考えると、大したことではありません。ロックフェラーは明らかに正しい方向に向かっていた。
当然のことながら、彼の業績とキャリアの軌跡は、彼に自己満足を感じ始めました。ある時点で、彼は融資を拒否した銀行員に向かって「いつか私は世界で一番の金持ちになるんだ！」と叫んだこともあった。

ロックフェラーはこれを発言し、その後地球上で最も裕福な人物になった唯一の人物かもしれないが、そのような成功物語のたびに、自分の言葉を信じただけで億万長者になるのに惨めに失敗しただけの妄想癖のあるろくでなしが複数存在する - 多くの場合、彼らのプライドのせいで人々は以前よりもさらに彼らを嫌いになりました。

ロックフェラーは、自分自身を制限し、自分のエゴを内密に管理する必要があることを認識しており、このお金で自分を膨らませすぎるのではないかと毎晩自問し、同時にバランスを失ったり、彼らの決定で無謀にならないように自分自身を戒めました。「目を開けていなさい」と彼は自分に言い聞かせた。「平衡感覚を失わないでください。」

後に彼が説明したように、彼は傲慢さの危険性に恐怖を感じたという。一時的な成功によって判断力が損なわれ、認識が歪められ、私たちが本当の自分を忘れてしまうというのは恐ろしいことだ！」これが近視眼的でオナニー的な強迫観念を引き起こし、現実、真実、そして私たちの人間性を歪めます。サン＝テグジュペリの物語に登場する星の王子様は、虚栄心の強い人間が賞賛以外の何ものを受け取ることはめったにないことを指摘しながら、この観察をしており、まさにそれが翻訳者として機能すべきではない理由を述べています。

プライドはこれらの感覚を鈍らせたり、あるいは、感受性、迫害複合体、自分自身のすべてを作り上げるなど、自分自身の他の潜在的にネガティブな部分を覆い隠してしまう可能性があります。

チンギス・ハーンが、後に後継者となる息子たちや将軍たちに、「誇りを飲み込めなければ、指導することはできない」と忠告したのは有名だ。プライドは野生のライオンよりもコントロールするのが難しいため、このメッセージは彼らの共感を呼びました。彼は山を例えに、動物は山よりも高い山の上に立つことができるとよく言いました。

ネガティブな感情は常に脅威となる可能性があります。私たちは、自分の使命の追求を妨げたり、ビジョンに疑問を投げかけたりする人や物事から自分を守る傾向がありますが、この障害に対処するのは簡単なはずです。しかし、残念ながら、私たちが育成することにあまり重点を置いていないのは、私たちの努力が見込みを示したときにすぐに得られる評価や満足感から身を守ることです。これらの人や物事は、私たちにあまりにも良い気分を与えてしまうことがよくあります。プライドが私たちの努力を完全に台無しにしてしまう前に、十分早めにプライドと戦うこと。

願望は自信と自己執着によって簡単に殺されてしまいます。私たちは常にそれに対して警戒し続けなければなりません。フラナリー・オコナーが指摘したように、自己認識は謙虚さにつながるはずです。そうして初めて、私たちは自分自身を真に知ることによって、自分のエゴと戦うことができるのです。誇りの感情が表面化したとき、自分にこう問いかけてください。「ここで私には何が欠けているのだろうか?」

私の暴言と熱狂的な行動によって見えにくくなっている、今日の私の行動の中に、より謙虚な人であれば気づくことができる兆候はありますか？ 今はそのような質問をして答えるのに理想的な時期ですが、物事がより差し迫ったものになる可能性がある後で比べれば、リスクは比較的低いままです。

この時点で、誰かが抑制されているように見えるからといって、その人が誇りを持っていないことを意味するわけではないことを繰り返す必要があります。プライベートでも他人よりも優れていると感じることは依然としてプライドであり、これは危険である可能性があります。モンテーニュは天井の梁に、メナンデルの言葉「あなたのプライドは破滅につながるだけだ」と刻み込んでいた。「自分を何者かだと思っているあなた」で終わりました。

私たちがまだ努力している限り、私たちの周りの人たちは、誇りを持って達成した個人であるだけでなく、まだやるべきことが残っていることを理解し、他人の成果を誇りに思っている同じような発達段階にある人たちも、次のような人になるべきです。私たちの仲間は、自分自身に誇りを持ちすぎたり、真の進歩を遂げるという点で自分の立場について謙虚さが足りなかったりする人ではありません。そうしないと、プライドが私たちの認識を曇らせ、私たちが達成すべきことがまだたくさん残っているため、達成という点で私たちが現在いるという現実を損なう可能性があります。

頭を殴られ、マザーから話を聞いた後、フランクリンはプライドとの戦いに生涯を費やした。それが多くを達成するという彼の目標の妨げになることを知っていて、プライドがそれをさらに妨げることを知っています。したがって、富、名声、権力といった驚異的な成果を達成したにもかかわらず、フランクリンは、人々が自分自身について高すぎる評価をもつことによって引き起こされる不幸の多くを経験することがなかった。

このアドバイスの核心は、自分がまだそれに値しないからといってプライドを先延ばしにすることを示唆しているわけではありません。むしろ、「まだ起こってもいないことを自慢するな」とだけ言っているのです。

第12章: 仕事、仕事、仕事

たとえ最善の計画であっても、重労働にならなければ無駄になる可能性があります。

エドガー・ドガは、印象派のダンサーの絵で最も有名です。しかし、彼の芸術的能力には詩も含まれていました。ドガが、どこを見ても美しさを見出す洞察力の持ち主だったことを考えると、確かに彼の中には偉大な詩が生まれる可能性があったのです。彼の能力は計り知れないものでした！ --ピーター・ドラッカー

プロ意識は仕事にあります。
そこに、プロの文章と好事家の文章の違いがあります。アイデアを持つだけでは十分ではないことを受け入れることです。自分の体験を紙の上でうまく再現するには、努力と忍耐が必要です。ポール・ヴァレリーは1938年に、詩人の役割は「詩的状態を個人的に経験することではなく、むしろ彼の任務は他者のために詩を創造することにあり、したがって彼の仕事は作品を生み出すことにある」と書いた。

職人としてもアーティストとしても、想像力だけではなく、労働力や産業から具体的なものを生み出すことにやりがいを感じます。ここには抽象と現実が出会う交差点があり、そこでは話すことが行動に取って代わられます。

ヘンリー・フォードが「やろうとしていることで評判を築くことはできない」と述べたことは有名ですが、ニーナ・ホルトンは心理学者ミハイ・チクセントミハイの創造性に関する画期的な研究でこの点を明確にしました。彫刻家のニーナ・ホルトンは、チクセントミハイの創造性に関する画期的な研究で、「その芽は、「アイデア」は、苦労して完成するまでは具体的なものを何も生み出さないかもしれません。投資家で連続起業家であるベン・ホロウィッツは、より簡潔にこう述べています。「大きくて大胆な目標を設定するときに難しいのは、その目標が失敗したときに人々を手放さなければならないときです。それが、努力が本当に意味することなのです！」
大きな夢を持つのは簡単です。難しいのは、夢が最悪の悪夢になってしまうと、冷や汗をかきながら午前3時に目が覚めることです。」
確かに、何事にも努力が必要であることは理解しています。しかし、どれくらいの量になるのか本当に把握していますか？大ブレイクするまで、あるいは実績を残すまではだめだ。むしろ、それはその後の生涯にわたって継続しなければなりません。

私たちが話しているのは１万時間ですか、それとも２万時間ですか？どちらの数字も重要ではありません。エンドゾーンはありません。そうでないと考えることは、完全に実現することのない幻想的な未来を作り出すことになります。ここで重要

なのは、望むところに到達するために、十分な忍耐と努力を払って成功することです。それは魅力的ではないように聞こえるかもしれませんが、実際には希望を与えるはずです。私たちがすべてに対して忍耐強く耐え続けるのに十分な謙虚さを持っていれば、私たち全員が習得を達成することができます。

この時点で、なぜこのような考えがエゴの神経を逆なでするのか理解できるはずです。

届く範囲で？！それは要求します。ということは、今はそれを持っていないということになります。

正しい。誰もしない。

私たちのエゴは、アイデアとそれに基づいて行動したいという願望だけで十分であること、計画を立てて会議に参加したり、感銘を受けた友人と話したりすることに費やした時間が成功の定義にカウントされること、それが十分に補償され、注目や評価を集めるプロジェクトで実行されることを要求します。または栄光。

現実は、私たちがどこにエネルギーを集中するかが結果を決定することを示しています。

ビル・クリントンは、後に政界に進出する際に潜在的な同盟者を追跡するために、若い頃からメモカードを収集し始めました。毎晩、特定のタスクでメモが必要になる前に、彼はこのメモの入った箱をめくり、人々に電話したり手紙を書いたりしてから、彼らが交わしたやり取りについてのメモを追加していました。時間が経つにつれて、彼のコレクションは 10,000 枚ほどのカードに成長し (最終的にはデジタル化されました)、それが最終的に彼を大統領に押し上げ、現在でも配当を支払い続けています。

進化論がまだ完成していない、または完璧ではないという理由で出版を差し控えながら、数十年にわたって進化論に取り組んだチャールズ・ダーウィンのことを考えてみてください。誰もそれについて知りませんでした - 彼が取り組んでいることを理解できませんでした - 誰も「ねえ、チャールズ、ゆっくりしてください。」のようなことを言いませんでした。あなたの仕事はとても重要です！彼らは知りませんでした。チャールズもそうしませんでした。彼が知っていたのは、それがまだ完成しておらず、まだ改善できるということだけでした。その知識だけが彼を前進させたのです！
私たちは、うまくいくかどうかわからない仕事と格闘しながら、気が遠くなったり、落胆したり、苦痛に感じたりしながら、孤独に日々を過ごしていませんか？それとも、偉大なアスリートのように、私たちは仕事で生計を立てているのでしょうか？

それとも、終わりのないブレインストーミングや無駄なおしゃべりを通じて、短期的な注目を集めたり、検証したりすることに気を取られているのでしょうか?

ファク、シ ファシ(やるべきことなら、やるべきだ)。

もう1つぴったりのラテン語表現があります。「Materiam superabat opus (技量が素材を上回った)」です。私たちは、遺伝子、感情、経済的条件から出発しますが、重要なのは、その材料、つまり廃棄物から何を作るかです。

若いバスケットボール選手だったビル・ブラッドリーは、「自分が練習していなければ、他の誰かが練習している」とよく自分に言い聞かせていました。同様に、聖書にはこう書かれています。「主人が帰ってくるときに起きているのを主人が見つけた僕は幸いだ。十分な時間を費やしたと自分に言い聞かせたり、働いているふりをしたりしてもよいが、最終的には誰かがやって来て、あなたの労働倫理をテストするか、何かが間違っていることに気づくでしょう!

ブラッドリーが全米代表、ローズ奨学生、ニューヨーク・ニックスで2度のチャンピオンになり、最終的には米国上院議員になったことは、どのような献身的な努力があなたをその地位に導くことができるかを示しています。

努力なくして勝利は得られないので、私たちは今それを掴まなければなりません。

静脈を開いて天才が湧き出てくるのと同じくらい楽に仕事ができたら、素晴らしいと思いませんか?それとも、会議が自分の才能を発揮する機会となり、会議のたびにインスピレーションが得られるとしたら?そのロジックを使えば、キャンバスに近づいて絵の具を投げると、目の前に現代アートが現れるのを見ることができるでしょうか?残念ながら、その空想や嘘は現実には存在しません。

もう1つの古い決まり文句に戻ります。「Fake it 'til You Make It」(大きなブレイクが来るまで、馴染ませる)。本物のプロデューサーと熟練した自己宣伝者を区別することが難しい競争の激しい世界では、多くの人が自信を持ったゲームをプレイし、他の方法では獲得できない機会を獲得するためにこの戦術に頼るでしょう。しかし、本物であるためには、他人がそれを偽造する必要は決してありません。これは時間が経つにつれて自然に身につくはずです。では、なぜ自分自身以外のことを試みようとするのでしょうか?

仕事に座るたびに、自分に言い聞かせてください。この仕事の満足を先延ばしにすることで、すぐに得られる満足を先延ばしにしていることになります。マシュマロテストに合格する。自分の野心によって求められるものを稼ぎ、自分のエゴではなく自分自身に投資することです。

この選択をした自分を認めますが、それはほんの短時間です。今こそ、練習し、取り組み、自分自身を向上させることに戻る時です。

仕事とは、悪天候のため他の人がコース内にいるときに、一人でコース上にいることを意味します。仕事とは、痛みや貧弱な初稿/プロトタイプを押しのけて仕事をすることを意味します。他の人がどんな賞賛を受けようと、そしてあなたにどんな賞賛がもたらされるかに関係なく。なぜなら、やらなければならない仕事があり、それがどんな困難をもたらすとしても、それ自体が美しくならないからです。

古くからあることわざに、「職人が床に残した切りくずを見れば、その職人が分かる」というものがあります。このアドバイスを真剣に受け止め、進捗状況を正確に評価するには、フロアを見下ろしてください。

第 13 章: 将来の成功に関しては、エゴは私たちの敵です...

謙虚さは、多くの場合、若者の野心が根を張り、成長する基盤として機能します。

--シェイクスピア 私たちは最終的にどこに到達したいのか、つまり成功を知っています。私たちは、自分自身や自分が代表する人々の富、評価、地位を築きながら、社会に影響力のある足跡を残したいと願っています。理想的には、すべてが欲しいのです。

問題は、謙虚さが私たちを行きたい場所に連れて行ってくれると信じていないことです。謙虚であることが「征服され、踏みにじられ、当惑し、無関係になる」ことを意味するのではないかと恐れている。

私たちの架空のシャーマンは、彼のキャリアの途中で、ほぼ同じ言葉で自分自身を説明したかもしれません。彼はあまりお金を稼いだことも、目立った戦いで勝利したこともありませんでした。彼の名前も他の人の名前も見出しになったり、広く知られることはありませんでした。おそらく南北戦争の前に、彼は自分が選んだこの道が本当に自分を良い方向に導くのだろうかと疑問を持ち始めたのだろう。

この考え方は、最も崇高な野心を恥知らずな依存症に変えるファウスト的な取引を生み出します。最初は、エゴは適応的に見えるかもしれません。狂気は大胆さとみなされるかもしれないが、妄想は自信とみなされるかもしれない。勇気に対する無知 -- しかし、これらすべてはコストを後回しにするだけです。

誰かの人生全体を振り返って、行き過ぎたエゴには代償を払う価値があったなどとは誰も言っていない。

アイラ・グラス氏の「味覚と才能のギャップ」という概念は、組織内での信頼の問題をめぐる議論の中で思い浮かびます。

クリエイティブな仕事は非常に魅力的です。それをやっている人はセンスが良いのでそれに熱中する傾向があります。しかし、始めるときは最初は苦労することがよくあります。最初の数年間は、その後に比べてあまり優れたものを作成できない可能性があります。
あなたのレシピは素晴らしいものではないかもしれません。しかし、偉大さを達成する野心とセンスを持っています。しかし、実行力に欠けている点は、あなたや他のグルメにとっても同様に多くのことを望んでいます。そもそもあなたの味覚はあなたをこの取り組みに引き付けましたが、今でもその味覚は十分に強いので、

出てくるものがあなたの味覚にとってかなり残念なものであることを識別すること
ができます。

仕事や自分自身に葛藤や不満があるとき、エゴは慰めを与えてくれます。内に
目を向けて、自分が達成したことが期待に応えていないのを見ることを好む人は
いません。そのため、代わりに、私たちは個性や意欲、情熱の力を使って現実
を覆い、より強力な防御メカニズムで自分の欠点をカバーするかもしれません。
あるいは、自分の欠点を正直に受け入れ、それを改善するために時間と努力を
注ぐこともできます。これは私たちをさらに謙虚にするのに役立ちます。私たち
の才能がどこにあるのか、そして開発の余地があるのかを確認します。そして、
私たちのキャリア全体を通して、そして過去全体にわたって持続する、永続的な
ポジティブな習慣を生み出す努力をしてください。

シャーマンの時代、エゴは魅惑的だったかもしれない。今では、ランス・アームス
トロングが1999年のツール・ド・フランスに向けてトレーニングをしたり、バリー・ボン
ドがBALCOクリニックに入ろうと考えたりしているときに、その誘惑をより直接的
に見ることができます。傲慢と欺瞞は私たちを誘惑します。私たちは、どんな犠
牲を払ってでも勝つことを過大評価する一方、どんな犠牲を払ってでも勝つこと
の重要性を強調しすぎます。誰もがそうしている、と私たちは自分自身に言い聞
かせます。ジュースを使わずに彼らを倒す方法はありません！

十分に達成された野心とは、気を散らしても静かな自信を持って人生に立ち向
かうことを意味しますが、他の人はサポートを求めて松葉杖を握ります。本物で
あるためには、自分自身に忠実であることが必要です。誘惑に対してしっかりと
立ち、屈服することで不安を軽減します。個人としての本当の自分に忠実であ
り、それが引き起こすかもしれない痛みにもかかわらず、自分に降りかかるすべ
てのことに自分自身に忠実であり続けること。存在しないこと。

シャーマンは、祖国と歴史が彼を最も必要とするときに備えるために、自分の職
業を選択する際に正しい決断を下し、間もなく彼に降りかかるであろう大きな責
任をこなすことができました。そのおかげで、彼は野心的でありながら忍耐力を
持ち、大胆ではなく革新的で、危険を冒さずに勇敢な人間に成長することがで
きました。まさに並外れたリーダーです！

あなたの人生を永遠に変える可能性のある大胆な目標を達成するためにリスク
を冒して、型破りなゲームをコントロールしてプレイするチャンスです。ただし、注
意してください。成功は、エゴによってもたらされるものも含め、独自のプレッ
シャーを生み出す可能性があるため、これから先にあるものは想像もできない方
法で試されることになります。

これが何を意味するのか理解する準備はできていますか?今がチャンスです。

第 14 章: これらのガイドラインに従って今日成功しましょう。

ついに、私たちはたゆまぬ努力を続けて登頂した山の頂上に到達しました、あるいは少なくともそれが見えてきました!しかし今、過酷な環境の中で新たな誘惑や問題が私たちを待っていますが、成功自体は一瞬のように思えます。なぜ成功は一瞬のように見えるのでしょうか?エゴがそれを短くします。突然の、またはゆっくりとした浸食でさえ、突然終わることがあります。私たちは学ぶことをやめ、聞くことをやめ、本当に重要なことを見失います。私たちは自分自身と競争の犠牲者になります。節度、オープンマインド、組織性、目的意識は、達成や評価に伴うプライドや自尊心の感情を打ち消すのに役立つ優れた安定剤です。
私たちの考察と模倣のために、2 つの異なるキャラクターが提示されています。1つは誇らしい野心と贅沢な欲求を表し、もう1つは謙虚な謙虚さと公平な正義をにじみ出させます。2 つのモデルまたは写真は、私たちの性格や行動をモデル化するためのモデルとして機能します。1つはより派手でカラフルなカラーリング、もう1つはより繊細で驚くほど美しい輪郭を持っています。

ハワード・ヒューズ・シニアは発明家で工具業界の王でしたが、1924年1月にビジネス会議中に突然の心臓発作により54歳で急逝しました。ハワードの息子ハワード・ヒューズ・ジュニアは当時まだ8歳でした。彼の死により、息子には彼の世話をしたり、事業を行ったりする父親のような存在がなくなりました。その代わりに、彼は社会からの孤立と孤立主義に満ちた静かな生活を自分の遺産として選びました。

若いヒューズは、親戚の反対を押し切って、法的にまだ未成年とみなされながら、親族の株式をすべて購入し、会社全体の経営権を自分で手に入れることを決意したとき、先見の明のある並外れた行動をとりました。そうすることで、ヒューズは 100 年の存続期間にわたって数十億ドルの利益を生み出すであろう企業の所有権を確保しました。

若きヒューズは、ビジネス経験も正式な教育も受けずにヒューズ帝国を設立した際、大胆かつ無謀なビジネス上の決断を下しました。彼はそのキャリアを通じて、資本主義的事業というよりも犯罪行為に近いものを生み出した、これまでに見た中で最も恥ずかしい、無駄で不誠実な事業記録の一つを蓄積しました。振り返ってみると、彼が指揮を執った数年間は、資本主義的な冒険というよりも、これまで以上に恥ずかしい犯罪行為に似ている。

ヒューズが才能に恵まれ、先見の明があり、聡明だったことに異論は決してありません。それは単純にそうです。文字通りの機械の天才であるヒューズは、航空の黎明期において最も勇敢なパイロットの一人でもあり、彼自身も並外れたパイロットでした。さらに、実業家であり映画監督でもある彼は、最終的に彼に関係する業界だけでなくアメリカ全体を変える広範囲にわたる変化を予測する驚異的な能力を持っていました。

しかし、自己宣伝の目的で伝説と名声を剥ぎ取った後、彼のイメージはただ 1 つだけ残っています。それは、後継者に価値のあるものを何も残さずに数億の富を費やし、最後には貧困の中で惨めな失敗で亡くなった自己中心的な人物です。
偶然でも、外部の力や競争によるものでもありません。むしろ、ほとんど彼自身の行動によるものです。

ヒューズは、自分のために家族から購入した工具会社をすぐに放棄しましたが、手元資金を吸い上げ続けました。彼はヒューストンを離れ、二度と本社に足を踏み入れることはなく、代わりに映画プロデューサーおよび有名人になることを目指してロサンゼルスに移りました。

ヒューズ氏は大恐慌が起こる前に、ベッドサイドから800万ドル以上の取引株を失った。『ヘルズ・エンジェルズ』には 3 年かかり、420 万ドルの費用がかかりました。その製作費は 420 万ドルの予算に対し、推定 150 万ドルの損失となった。その過程で彼のツール会社が倒産しそうになった。一度目の教訓を学ぶことができなかった後、ヒューズは 1930 年初めにクライスラー株の取引でさらに 400 万ドルを失いました。

学界を捨て、防衛請負業者としてヒューズ エアクラフト カンパニーを設立して航空ビジネスに乗り出した後、ヒューズは、発明家としての深刻な個人的悲劇と会社の失敗に苦しみながら、仕事と個人の義務を果たすのに苦労していることに気づきました。ヒューズの発明家および創造者としての多くの功績にもかかわらず、この事業は最終的には失敗に終わりました。第二次世界大戦中の彼の2つの契約は総額4,000万ドルであり、彼自身とアメリカの納税者の両方にとって多大な犠牲を強いられた壮大な失敗であった。ヒューズは、これまでに製造された最大の飛行機の 1 つであるスプルース グースを開発し、操縦したことは有名です。ヒューズはこの巨大な飛行機を「ヘラクレス」と呼び、5年の歳月と約2,000万ドルを費やして、約1マイル、つまり水上わずか70フィートを一度だけ飛行しました。彼の命令と経費で、推定年間100万ドルの費用をかけてロングビーチのエアコン完備の格納庫に何年も保管された。ヒューズは映画ビジネスにさらに深く参入することを決意し、RKOムービースタジオを買収し、数年間で2200万ドル以上の損失を被った（その間、従業員は2000人だったが、経営を立て直すうちに500人以下に減った）。ツール会社と同様に両方の事業にうんざりした彼は、防衛契約を完全に解消し、代わりに経営陣に経営を任せました。これは後にヒューズにもかかわらず成功を収めることになります。

一見すると、これ以上の議論を避けるためにここで立ち止まりたくなるかもしれません。が、それはヒューズの広範な脱税を見逃すことを意味します。彼の飛行機の墜落と死亡事故。私立探偵、弁護士、契約に基づいて行動させることを拒否したスター選手との契約、そして住んだことのない不動産に費やした数百万ドル。公の場にさらされたことだけが、彼に責任ある行動をとらせるようになった。彼のパラノイア、人種差別、いじめ行為、失敗した結婚、麻薬中毒、そして彼が失敗した数多くのベンチャーやビジネス。

若いジョーン・ディディオンは、「ハワード・ヒューズを祝う私たちは、私たち自身について興味深いことを教えてくれる」と書いた。そして彼女はまさに正しかった。ヒューズは、その名声にもかかわらず、20世紀で最悪のビジネスマンの一人だった。そのほとんどは失敗して痕跡を残さず、なぜ彼らの試みが失敗したのかを正確に特定するのは困難でした。父親の会社が生み出した利益のおかげで（ヒューズはそれが面倒すぎて干渉することができなかった）、ヒューズはなんとか生き延びることができ、私たちは彼のエゴが自分自身や他人に与えた損害、そして彼が達成したかったことを直接目の当たりにすることができた。

ハワードがゆっくりと狂気へと陥っていくことについては、さらに詳しく説明する必要がある。彼の伝記には、彼が上半身裸で洗濯もされておらず、大切にしている白い椅子に座って、弁護士、調査、投資家を妨害し、彼の帝国を崩壊させ、その恥ずべき秘密を暴露する恐れのある恥ずべき秘密を隠蔽するために24時間働いている姿が描かれています。彼は、従業員が彼と直接話し合うべきではないクリネックスや食事の準備について、一見不合理なメモを送信していました。そして、債権者も敵も同様に出し抜く見事な戦略を思いつきます。彼らは、信じられないことに、IBMが2つに分かれていることに気づきました。彼らによれば、あたかも「IBMが2つの子会社を設立したようだった。1つは利益のあるコンピュータを生産し、もう1つは赤字のEdselを生産した」ようだった。エゴと破壊を1つのパッケージに組み合わせたイラストを望むなら、片手で目標に向かって努力し、もう一方の手でそれを弱体化させるために同じように懸命に働く熱烈な男性のビジョンを超える画像はほとんどありません。

ハワード・ヒューズは完全に狂人でも完全に正常でもありませんでした。むしろ、彼のエゴは、彼が責任を負った飛行機や自動車事故による身体的損傷、およびさまざまな依存症によって煽られ、さらに悪化し、私たちにはほとんど想像できないほど彼を暗闇に導きました。ハワードの鋭い頭脳が明らかになる短期間の明晰な時期があった——彼の最高の技がいくつか生まれたときだった——が、時間が経つにつれて、そのような場面は少なくなり、最終的にはハワードはエゴと同じくらい躁状態とトラウマの両方に打ちのめされることになった。単独で、最終的には両方によって死ぬ前に、どちらかが単独でできる限りのことをして、最終的にハワードを殺害します。

見たい人だけが見ればいいのです。自分が反逆者の億万長者であり、何の見返りもないと思われるもののためにすべてを危険にさらす、名声を持った風変わりな世界的に有名な人物であると想像することは、より魅力的で魅力的になる可能性があります。ハワード・ヒューズは、自ら作った精神病院で孤独に亡くなった。悲しいことに、彼は与えられたものからほとんど喜びを感じませんでした。しかし、最も重要なことは、もっと有効に活用されるべきだった才能、勇気、エネルギーが無駄になり、その結果、人類にアメリカンドリームへの大きな希望を与えたことです。

アリストテレスは、徳と訓練がなければ幸運を適切に受け入れるのは難しいと指摘しました。ヒューズの失敗は公に明らかだったので、私たちはヒューズから学ぶことができます。どんなに見栄えの悪いものであっても、常にスポットライトを浴びることを求める彼の姿勢は、私たちに自分自身への窓を与えてくれます。彼の波乱に満ちた人生を通して展開される私たちの傾向、苦闘、そして成功の喜び。ハリウッド、防衛産業、ウォール街、航空産業はすべて標的でした。彼の計り知れないエゴと破壊的な道について、私たち全員がその衝動を共有する人物の例が見られます。

しかし、歴史の中でそのような弧を描いた唯一の人物というわけではありません。彼の足跡をたどってみませんか？

場合によっては、上昇中にエゴが抑えられることもあります。強力なアイデア、完璧なタイミング、または富と権力の元に生まれたことは、強すぎる自我を一時的にサポートしたり、補ったりする場合があります。成功が訪れると、ちょうど祝われたばかりの優勝チームの場合のように、エゴが私たちの心の中でゲームをし始め、最初に私たちを勝たせた意志を弱めます。帝国は常に崩壊します。したがって、帝国がなぜ、どのように内部から崩壊する傾向があるのかを考えるべきです。

ハロルド・ジェネンは、現代の国際複合企業モデルを確立したとして広く知られていました。一連の買収、合併、乗っ取り（合計 350 件以上）を経て、彼は ITT の収益を 1959 年の 100 万ドルから 1977 年までにほぼ 170 億ドルにまで引き上げました。彼の影響力が大きくなりすぎたとの指摘もある前に引退しました。ジェネン自身はエゴイストとして描かれていたかもしれない。それにもかかわらず、彼は自分の業界内でのその影響について率直に語り、他の経営陣にそのような傾向に対して警告した。

「ジェネン氏は、経営者の仕事上の病気に関する象徴的な声明の中で、アルコール依存症は必ずしも最悪の病気ではなく、むしろ利己主義であると指摘した。」マッドメン時代のアメリカ企業には深刻な飲酒問題がありましたが、不安、恐怖、客観性はすべて相互に影響し合い、人々は個人的な利己主義にさらに溺れながら現実から目が見えなくなり、自分の世界の中で生きているうちに現実が見えなくなり、ジェネンは、これらの病気に直面すると、彼らは手に負えなくなり、お互いの指示の下で働くのは危険でさえあると回想録に書いていますが、これは他の業界ではこれまで経験したことのないことでした。

何かを達成したことで自分を祝うと、エゴが自分は特別で他の誰よりも優れていると言って大混乱を引き起こす可能性があります。したがって、そのルールは私には適用されません。
ヴィクトール・フランクルは、「人間は衝動によって動かされるが、価値観によって動かされる」と最もよく言いました。私たちが成功を一時的なものではなく持続させたいのであれば、この新しい形のエゴイズムと、それを克服するために必要な原則を理解することが、それを実現するための不可欠なステップとなります。

成功には陶酔的なものもありますが、それを維持するには注意と節度が必要です。私たちはすでにすべてを知っていると思っていては学ぶことができません。また、自分自身の神話や外部の騒音やおしゃべりの餌食になってもなりません。むしろ、私たちは相互依存する世界の一部であることを受け入れ、自分自身ではなく仕事そのものを中心とした、自分の活動を中心としたシステムや組織の開発に焦点を当てるべきです。

ヒューズはエゴによって破滅させられた。私たちは皆、キャリアのある時点で同様の選択に直面することになります。それがゼロから構築されたものであれ、世代から世代へと受け継がれてきたものであれ。経済的富または発達した才能。同じエントロピーの原理が、彼らが今その破壊を狙っているのと同じくらい、あなたの成功を脅かしています。

成功を収めることができるか、それとも破滅してしまうか?

第 15 章: 常に学び続けること

私が出会うすべての人が何らかの形で私の先生となり、その関係から知識を得ることができます。

ジンギスカンは、生前は伝説的人物でした。周囲の文明社会を恐怖に陥れた、血の欲望に満ちた大胆な野蛮な征服者でした。私たちは今でも彼の名前を知っています。

モンゴルの支配者チンギス・ハーンは、アジアとヨーロッパ全域で飽くなきモンゴルの大群を率い、行く手にはいる個人だけでなく、彼らが容赦なく行進しながら作り上げた文化全体を飽くなき略奪、強姦、殺害した。ただ、この脅威は彼らの遺産として歴史の中に消え去っただけだった。血に濡れた略奪行為にもかかわらず、決して耐えることはなかった。彼ら以前の遊牧戦士たちと同様に、この恐ろしい雲も単に崩壊し、永続するものは何も残らなかった。なぜなら、モンゴル人は遊牧戦士の一団と比較して、長期にわたって耐えられる永続的な価値を何も生み出さなかったからだ。彼らの前任者である遊牧戦士とは異なり、この雲は単に歴史から消え去った。永続的なものは何も構築しませんでした。

反動的で感情的な評価ではよくあることですが、この解釈はこれ以上的外れなものではありません。チンギス・ハーンは史上最も優れた軍事的頭脳の一人であるだけではありません。彼はまた、絶え間ない学習者でもあり、その驚くべき勝利は、遭遇した各文化からの革新を自分の帝国に取り入れ、適応させることによってもたらされました。

「チンギス・ハーンは、彼の治世とその後数世紀にわたる王朝統治における重要な特徴の一つ、それが「流用」を体現した。」チンギス・ハーンの指導の下、モンゴル人は征服そのものよりも優れたものを他の文化から取り入れることに熟達していました。彼の治世中に技術的な発明や素晴らしい美しさの建物や偉大な芸術が作られなかったとしても、彼らの文化は、直面した戦いや征服した敵のたびに何か新しいことを学びました。これは並外れた才能によるものではなく、「実践的な学習の広範なサイクル」によるものでした。、実験的な適応と絶え間ない修正は、彼の独特の規律と焦点を絞った意志によって動かされています。」

彼はその並外れた学習意欲により、世界がこれまで見た中で最も偉大な征服者の一人でした。成長に対してこれほどオープンな征服者は他にいませんでした。

カーンは近隣の支配者からこの戦術を取り入れ、各部隊を10人の兵士からなるグループに組織することで軍隊を再編し、初期の成功を収めた。

トルコ系部族は、無意識のうちにモンゴル人を 10 進法に変換するのに貢献しました。すぐに、彼らの拡大する帝国は、これまで経験したことのないもの、つまり城壁に囲まれた都市を彼らにもたらしました。カーンは西夏攻撃による要塞都市の包囲にすぐに熟達し、指導を受けた中国人技術者の支援を受けて、要塞との戦闘の複雑さ、城壁を突破できる攻城兵器を攻撃するために必要な戦術をすぐに学びました。その後、彼は兵士たちに、簡単に撃破できる攻城兵器の作り方を教えました。カーンは連合軍に対する遠征を進める中で、自分と征服した住民との間に良好な関係を築くことの大切さを学びました。カーンは、征服した各領土の学者や王族と緊密に協力して、ほとんどの帝国よりもうまく領土を管理しました。その後、カーンは軍隊の努力を支援するために、支配下にある各国や都市で最も聡明な占星術師、書記官、医師、思想家、顧問を雇用することになった。彼の軍隊はまさにこの理由から、尋問官と通訳を装備して移動した。

彼らの文化の習慣は平和を保つことでした。モンゴル人自身はしばしば戦争だけに焦点を当てているように見えましたが、彼らは出会ったすべての熟練した職人、商人、学者、芸能人、シェフ、熟練した労働者を自分たちの利益のために利用しました。モンゴル帝国は、宗教の自由と新しい考えや文化、特に学習と文化の融合への愛着で有名でした。例えば、レモンを中国に初めて導入し、中華麺を西洋諸国に初めて導入しました。さらに、ペルシャ絨毯、ドイツの鉱山技術、フランスの金属加工技術、イスラム教がその領域全体に導入されました。その大砲は、中国の火薬、イスラム教徒の火炎放射器、ヨーロッパの金属加工が、モンゴル人の学習と新しいアイデアに対する寛容さを通じて融合して生まれたと言われています。全員が力を合わせて、戦争に革命をもたらす革命的な戦争を生み出します！

私たちが成功を収めるにつれ、新たな状況や問題が私たちに現れます。新しく昇進した兵士は政治を学ばなければなりません。セールスマン、経営陣。創設者の委任。他人の文章を編集する作家。ステージでライブパフォーマンスをするコメディアンや、シェフからレストラン経営者になって自宅の別の場所を経営することは、彼らが直面する課題のほんの一部にすぎません。

水爆の開発に貢献した科学者の一人、ジョン・ウィーラーはかつて「私たちの知識の島が拡大するにつれて、その限界も拡大する」と述べた。言い換えれば、カーンをより賢くした勝利や進歩は、彼をこれまで遭遇したことのない新たな状況にもさらしたということだ。知識は得ても自分の知識が減っていることを受け入れるには、謙虚さと自覚が必要である。ソクラテスはまだ理解していないことがたくさんあることを知っていたので賢明だったことを思い出してください。
何かを達成すると、実際よりも多くのことを知っているかのように見せかけたり、すでにすべての知識を持っていると信じ込んだりするプレッシャーが高まります。科学のインフレ（知識の拡大）により、不安とリスクの両方が生じます。実際に理解することは継続的で段階的なプロセスであるにもかかわらず、すべてを知っていると考えることになります。

グラミー賞とピューリッツァー賞を9回受賞したジャズ・ミュージシャン、ウィントン・マルサリスは、かつて音楽の勉強にどのように取り組むべきかについて、野心的な若いミュージシャンに次のようにアドバイスした。「自分自身を表現し、自分のやり方を邪魔しない…その人が本当に謙虚であるかどうかをどうやって見分けることができるか知っていますか？ 簡単なテストです。謙虚な人は、自分が道を知っていると思い込むのではなく、継続的に改善しながら観察し、耳を傾け続けます。」

これまでの人生がどのような方向に進んだとしても、永遠の学生であり続けてください。学習体験を継続し、新たな地平を探求しなければ、人生はすぐに終わってしまうでしょう。

学習は単なる初心者のためのものであってはなりません。むしろ、それは私たちの日常生活の一部になるべきです。私たちの周りのすべての人やすべてのものから、あなたが打ち負かした人、殴られた人、嫌いな人、あるいは敵であるはずの人からも学びましょう。価値のあるものを発見する機会は常にあります。たとえそのレッスンが時には矯正的なものでしかないとしても、私たちは宇宙が教えるべきことを聞くことをエゴに妨げられてはなりません。

多くの場合、私たちは自分自身を知的であると認識しているため、自分が愚かであると決して感じない（そして、自分が知っていることを学んだり再考したりすることを決して要求されない）ことを保証する閉鎖的なバブルの中に留まることができます。それは手遅れになるまで私たちの理解のギャップや弱点に気づかないようにします。ここで沈黙のコストが発生します。

私たちは自分の技術を追求するにつれて、エゴが私たちを学習から遠ざけるという脅威に直面します。私たちのエゴが私たちを卒業したと思い込ませると、学習は急激に停止する可能性があります。したがって、フランク・シャムロックはかつてこうアドバイスしました。「決して学生であることをやめないでください。生涯学習に終わりはありません。」

解決策は簡単ですが、最初は不快です。ほとんどまたはまったく知らないことについて読み始め、自分が最も知識のない状況に身を置き、深く保持されている仮定に意図的に挑戦されることに自分をさらしてください。考え方を切り替えてください。周囲を変えてみましょう。

アマチュアは守備的です。専門家は学ぶこと（そして現れること）が楽しいと感じています。彼らは挑戦と謙虚さを楽しみ、継続的かつ終わりのないプロセスとして教育に取り組んでいます。

ほとんどの軍事文化と人々は、遭遇するものに対して価値観を押し付け、コントロールしようとしますが、モンゴル人は、それぞれの状況を客観的に評価し、必要に応じて適応し、必要に応じて以前の慣行を新しいものに置き換える能力で際立っていました。すべての偉大なビジネスはこのように始まりますが、最終的には何かが起こります。たとえば、ディスラプション理論を考えてみましょう。それにより、業界は最終的に、既存の利益が追いつけないようなトレンドやイノベーションによって破壊されます。なぜビジネスは変化して適応できないのでしょうか？

主な理由の１つは、彼らが学習能力を失い、完全に学生でなくなってしまったためです。一度そうなってしまうと、知識は脆弱になってしまいます。

主要な経営者でありビジネス思想家の一人であるピーター・ドラッカーは、学習は単に私たちが望むものとして見るべきではないと述べています。人々が成長するにつれて、継続的な教育を確実にするためのプロセスを実行できるように、学習方法も理解する必要があります。そうしないと、自らに課した無知に陥る危険があります。

第16章：自分自身に物語を語るな！

神話は、それを直接体験することによってではなく、繰り返し語られることによって伝説になります。

1979 年以来、ビル ウォルシュはサンフランシスコ 49ers をフットボール界で最悪のチームの 1 つから最高のフランチャイズの 1 つに導きました。

スティーブ・ヤングが無能だったチームをスーパーボウル優勝に導くのに要した時間はわずか 3 年でした。それまでは不可能に思えたかもしれません。今、ロンバルディ・トロフィーを頭上に掲げながら、これが初日からの計画だったと言いたくなかったかもしれないが、数十年後に回想録を編纂する際には、それが彼の公式ストーリーラインになることは簡単だったかもしれない。

それは魅力的な物語でした。彼の乗っ取り、方向転換、変革は綿密に計画され、すべてが計画通りに起こりました。なぜなら、彼は単に優秀で才能があったからです。その物語に非を見つける人は誰もいなかっただろう。

しかしウォルシュはそのような空想にふけることを拒否した。人々がウォルシュにスーパーボウルで優勝するという目標があるのかと尋ねたとき、彼の答えは常に「ノー」でした。このような将来性のないチームを引き継いだ後、そのような野心を持ち続けるのは無意味だったでしょう。

彼が到着するまで、フォーティナイナーズは2勝14敗で士気を失い、ドラフト指名権もなく、負ける文化が定着していた。彼の下での最初のシーズン、彼らはさらに14試合で負け、2年目の途中で辞めそうになったが、就任から24か月後（そして辞めそうになってから約1年後）、彼らはスーパーボウルチャンピオンの「天才」だった。

これはどのようにして起こったのでしょうか?これは「計画」の一部でしたか?

その質問に答えるには、ビル・ウォルシュ氏が引き継ぐ際の手法を理解する必要がある。彼は勝つこと自体だけに焦点を当てるのではなく、彼が「パフォーマンスの基準」と呼ぶもの、つまり何を、いつ、どのように行うべきかを実践しました。コアレベルで。
ウォルシュには、組織全体に標準を浸透させることに重点を置いた 1 つのスケジュールがありました。

彼は一見些細な細部に焦点を当てた。選手たちは練習場に座ることができなかった。コーチはネクタイを着用し、シャツをチョッキの中に押し込まなければなりませんでした。誰もが最大限の努力と献身的な努力をする必要がありました。スポーツマンシップは不可欠でした。ロッカールームはきちんと清潔に保たれ、屋内での喫煙、喧嘩、冒涜的な行為は禁止されています。クォーターバックはボールをどこでどのように保持するかを指示されました。ラインマンは通過ルートが監視され、インチ勾配まで等級付けされる間、30 の異なる重要な訓練を実施しました。練習は分刻みでスケジュールが組まれていました！

この基準が制御に関するものであるという考えは不正確です。むしろ、壮大なビジョンやパワートリップよりも重要な、一見シンプルだが厳格な基準を通じて卓越性を浸透させることに重点が置かれていました。彼によれば、プレイヤーが自分たちであらゆる細部に気を配れば、「スコアは自然に管理され」、成功も後からついてくるという。

ウォルシュには、これらの基準が勝利につながるという十分な自信と謙虚さがあったが、その重大な瞬間がいつ訪れるかはまったく予測できなかった。これまでのどのコーチよりも早くそれが実現したのは単にゲームの幸運であり、彼の側の壮大なビジョンによるものではありません。あるコーチは、2年目のシーズンにウォルシュのオーナーに対して、ウォルシュは細部に集中しすぎていて、努力すべき具体的な目標がないと不満を漏らしさえした。ウォルシュは、そのコーチの不服従と彼に対する暴言を理由にそのコーチを解雇し、そのコーチに対する不服従を理由に彼らを解雇した。そして彼の不服従を理由に彼らを解雇したのです！

人々は、偉大な帝国を持つ者たちが意図的に帝国を築き始めたと信じたがります。私たちがこれを望んでいるのは、自分たちの楽しい計画にふけり、何か良いことが起こったり、富や尊敬がもたらされたことをすべて自分の功績とできるようにするためです。物語とは、人が成功に導くありそうにない道を振り返り、こう言うときです。「望んでいた、一生懸命働いた、休憩を取った、またはこれが起こるかもしれないと思った、とは言いませんが、私はそれをずっと知っていました - 実のところ、これらはすべて信仰だったのかもしれませんが」知識だけではなく、信仰に基づいた知識ではなく、推測に基づいて行動すること - 私たちが自分自身を疑ったあの頃のことを誰が思い出したいでしょうか？

過去の出来事から物語を作り上げるのは人間の自然な本能ですが、危険で真実ではありません。自分自身の物語を構築することは傲慢につながる可能性があります。私たちはまだ人生を生きなければならないのに、人生をフィクションに変えてしまうのです。著者のトビアス・ウルフは、『オールド・スクール』の中で、これらの説明は後で多かれ少なかれ誠実に石畳まれてから何度も繰り返され、それによって他のすべての探索ルートが妨げられることについて書いています。ビル・ウォルシュは、自分自身を「天才」と呼ぶような大げさな態度ではなく、チームの変革と勝利に貢献するのは、実際にはパフォーマンスの基準——一見些細な点——であることを理解していました。見出しになるのを避けるため、記者がそのような名前を呼んでも彼は反応しなかった。

タイトルや物語を受け入れることは、無害な個人的な免罪符ではありません。これらの物語は歴史を変えることはありませんが、私たちの未来に否定的な影響を与える力を持っています。

彼の選手たちは、物語をあまりにも文字通りに受け取ることの危険性をすぐに実証しました。私たちのほとんどと同じように、彼らも、自分たちのありそうもない勝利は単なる幸運ではなく、特別な力によるものであると信じたかったのです。スーパーボウル初勝利から2シーズン後、彼らは勝利に伴う過剰な自信のせいで大きく苦しんだ——自分たちがまだ持っていない力を時期尚早に信じ込んだり、自分たちの急速な成長について深く考えすぎたりしたために、22試合中12試合で負けた。成果は彼らにとって意味があり、最初に彼らを動かしていた努力と基準を緩和することを意味します。

チームがパフォーマンス基準を満たすことに全力を尽くして初めて、彼らは再び勝ち始めました（10年間でさらに3回のスーパーボウルと9回のカンファレンスまたはディビジョンチャンピオンシップ）。彼らが話を脇に置いて、目の前のタスクを達成することに集中したとき、彼らは再び以前のように勝ち始めました。

一度勝てば、誰もがそのアクションに参加したいと思うでしょう。頂上に着くと、太陽の光を浴びる瞬間がすべてになってしまいます。賭け金が高く、エラーの許容範囲が狭いためです。成功を維持し、個人として成長したいのであれば、フィードバックを聞いて受け取ることは、以前よりもさらに重要になっています。

事実は物語やイメージよりも優れています。バーナード・バルーク氏は、底値で買って高値で売ろうとするのはやめようとアドバイスしたのは有名です。それは嘘でしか達成できないからです。市場活動に関する人々の主張は、ほとんど信用されるべきではありません。Amazon の創設者であるジェフ・ベゾスは、この誘惑をよく知っています。自社に関する報道の切り抜きで何を読んでも、同社が 10 億ドル企業に成長する過程で「なるほどと思う瞬間」はなかったと自分に言い聞かせています。会社を設立したり、市場でお金を稼いだり、アイデアを開発したりすることは、リアルタイムには存在しなかった、あるいは今後も存在しなかった誤った明晰さの感覚を生み出す厄介な取り組みです。

成功を目指して努力するとき、成功に向けて自分の道を切り開くときに、他人の物語を再現したいという衝動に抵抗することが重要です。しかし、一度それが達成されたら、実際には目の前で展開していることの背後に壮大な物語がなかったとしても、すべてが計画通りに進んだふりをしたいという欲望と戦わなければなりません。あなたがその場にいたことを忘れないでください！

ある時点で、Google の創設者の 1 人が講演し、潜在的な企業や起業家を評価する方法の 1 つは、「彼らが世界を変えるつもりかどうか」を自問することであると述べました。この言葉は魅力的に聞こえるかもしれませんが、それが Google の始まりではありませんでした。ラリー ペイジとサーゲイ ブリンはスタンフォード大学で論文の執筆に取り組んでいました。YouTube はテレビを再発明するために設計されたものではありません。創設者は単に面白いビデオを共有しただけです。また、本当の富のほとんどは、長い時間をかけて生み出されてきたわけではありません。

ポール・グラハム（Airbnb、reddit、Dropboxなどの設立に貢献した投資家）は数十年後もウォルシュと同じ都市に住み、働いており、新興企業に対し、開発の初期段階で壮大なビジョンを採用しないようアドバイスした。もちろん、資本家として、彼は産業を破壊し、世界情勢を変える企業を好みます。そこに彼のお金があるのです。彼は、本当に記念碑的なものに開花する前に、小さく始めた「恐ろしいほど野心的な」アイデアを持つスタートアップを探しています。「大きなことを成し遂げるには、小さなことから始めなければなりません。」彼は、小さなことから始めて、徐々に野心を高めていくことをアドバイスしています。ここでは「アイデンティティを小さく保つ」がよく当てはまります。マスコミに取り上げられるような壮大なビジョンよりも、インパクトのあるステートメントを生み出す作品を作ることに重点を置きましょう。

ナポレオンは「運命へ！」と刻んだ。妻に贈った結婚指輪に。このフレーズは、彼の最も大胆で最も野心的な計画さえも正当化する方法として役立ちました。残念なことに、それはまた、彼の本当の運命が離婚、亡命、敗北、そして悪名を伴うまで、彼を自分自身に行き過ぎさせることにもつながりました - セネカは、どんな偉大な運命にも必ず偉大な奴隷制が伴うことを思い出させます。

自分を「天才」だと考えるのは危険です。しかし、傲慢に自分自身を信じ込ませると、私たちは一つであるとさらに強くなります。同様に、映画監督、作家、投資家、起業家、経営者など、私たちのキャリアにラベルが付けられると、現実だけでなく、そもそもその成功の背後にある戦略とも矛盾することになります。成功は自然にやってくると考えると、私たちは間違った道に進み、創造性、粘り強さ、運が重要な要素であると過大評価する結果になる可能性があります。

Google は、自らのルーツから疎外されている (ビジョンと技術的ノウハウを混同している) ため、最終的には苦境に陥ることになるでしょう。実際、Google Glass や Plus などの公的な失敗はすでにその事実の証拠となっているかもしれません。アーティストはしばしば逆の見方をします。つまり、自分たちのビジョンが科学的および技術的な専門知識と混同されているのです。

インスピレーションや痛みだけに頼って芸術を推進するアーティストは、最終的には瓶の底に落ちたり、針で尖らせたりすることになるでしょう。

それだけで私たちはここに留まることができるからです。

第 17 章: あなたの優先事項は何ですか?

自分にとって何が重要かを認識し、理解することは、知恵と老後の長寿の両方の鍵となります。

南北戦争の終結時、ユリシーズ・S・グラントとウィリアム・テカムセ・シャーマンは最も高く評価され、尊敬されていた二人の人物でした。

アメリカ。勝利に貢献したことで任務から解放され、この国に感謝したアメリカ人は、他者を危険にさらしたり、アメリカ自体を脅かしたりしない限り、各個人が望む人生の道を追求する自由を与えられた。

この自由を与えられたシャーマンとグラントは、それに関して異なる道を歩みました。シャーマンは政治を避け、支持者からの立候補を求めるいかなる懇願も断った（後にシャーマンは彼らに「私は望む地位をすべて持っている」と語った）。自分のエゴを克服したように見えた後、彼は最終的に幸福と満足を感じながらニューヨーク市に引退しました。

グラントには政治に対する偏向はなく、まさに政治をやるのが無能だったからこそ軍務に優れていた。それにもかかわらず、彼はアメリカ史上最高の職の一つである大統領を追求した。一般投票による圧倒的な大差で選出された後、彼はこれまでで最も腐敗し、論争が多く、最も効果の低い政権の一つを主宰した。それ以外は善良で忠実な人だったが、ワシントンはすぐに彼に疲れ果てた。しばしば中傷され、物議を醸す人物であるグラントを2期の任期後に退任したことは、彼にとってほとんど衝撃的であり、2期目の任期が終わったことにほとんどショックを受けた。

大統領に選出された後、グラントは事実上持ち合わせていたすべてのお金を物議を醸した投資家フェルディナンド・ウォードと金融仲介会社の設立に投資した。ウォードは以前のバーニー・マドフと同様に、それをネズミ講に変え、グラントを公的に破産させた。シャーマンはグラントについて同情と理解を込めて次のように書いている。彼は「勝利のためにすべてを捧げたであろう億万長者に匹敵することを目指していた」が、その代わりに自分自身が達成したことはほとんどなかった。グラントは多くのことを成し遂げましたが、そのすべてで充実感や幸福を感じたことはありませんでした。
残念ながら、それだけでは十分ではありませんでした。彼は人生において何が本当に大切なのかを見分けることができませんでした。

物事は私たちの意図通りにいかないことがよくあります。私たちは自分が持っているものに満足することはなく、他の人が持っているものに憧れ、常に仲間よりも多くのものを手に入れようと努めます。最初は自分にとって何が最も重要かを知っていても、目標を達成すると優先順位を見失いやすくなります。私たちのエゴは私たちを彼らから完全に遠ざけ、彼らを完全に危険にさらす可能性があります。

名誉意識に囚われ、会社の負債をカバーするよう圧力をかけられたグラントは、貴重な戦争記念品を担保に融資を実行した。痛みを伴う咽頭がんと闘いながら、亡くなる前に回想録を完成させるべく急いでいたが、ギリギリでそれをやり遂げたのだ！ -

わずか63歳で苦悩と敗北の中で亡くなったこの英雄、自分をコントロールできず、自分の豊かな才能に集中できなかった正直者から、生命力が失われてしまったと思うと、人は身震いする。それらの年は今までとは違って、アメリカや他の場所でより多くの成功を収めました。彼は他に何を達成し、貢献できたでしょうか？

彼だけがこの問題に関わっていたわけではない。私たちは皆、漠然とした魅力や貪欲、虚栄心などからのプレッシャーに負けて、何も考えずに、あるいは純粋な衝動や貪欲、虚栄心から「イエス」と言うことがよくあります。なぜなら、ノーと言えばチャンスを逃すことを恐れるからです。「イエス」と信じれば、より多くのことを達成できると信じているが、実際には、それが望ましい目標に向けた本当の進歩を妨げている。尊敬できない人たちに自分を証明したり、望まないものを手に入れたりするために、楽しくないことをして貴重な人生を無駄にしてしまうことがあまりにも多いのです。

なぜこれを行うのでしょうか？明らかにそれは明らかなはずです。

エゴは妬みを引き起こす可能性があり、その衰退は社会のあらゆるレベルの人々を蝕みます。エゴは、所有者に自分の本当の価値を盲目にすることで、偉大さを破壊します。

私たちのほとんどは、人生に何を望むかという考えから人生を始めます。私たちは自分たちにとって何が重要かを知っています。すぐに、または豊かに訪れる成功は、私たちを予期せぬ場所に置くかもしれません。つまり、自分の方向性を保つのが難しいかもしれない新しい環境に突然放り込まれるかもしれません。

あなたが選択した達成の道に沿って前進するにつれて、あなたが取るに足らないものであると感じさせる他の成功者に出会うことが多くなります。どんなにうまくやっていても。彼らの功績を聞くと、自分が何者でもないと感じてしまいます。他の人があなたに対してそのように感じているのと同じように。残念ながら、このサイクルが止まることはありません。しかし、人生は関係なく続きます。

私たちは、異なる目的やレースのために走っている他の人たちに追いつくために、無意識のうちにペースを上げてしまうことがあります。複数の種族が同時に存在する場合はどうなりますか?

シャーマンはグラントに対し、私たちが決して真の満足をもたらさないものを追い求めるやり方には、皮肉な「賢者の贈り物」の性質があると説明していた。せいぜい一時的な満足感しか得られないでしょう。私たちは皆、ほんの1秒間立ち止まるべきです。

一つはっきりさせておきたいのは、競争は人生に不可欠な力であるということです。それは市場を動かし、人類の驚くべき成果を同様に刺激しますが、個人レベルでは、誰と、そしてなぜ競争しているのかを理解することが絶対に重要です。競争力の観点から自社のスペースがどの位置にあるかを理解することで、あらゆる取り組みを成功させることができます。

あなたが走っているレースを知っているのはあなただけです。そうしないと、あなたのエゴがあなたにそうでないと説得するかもしれません。さらに重要なことは、私たちはそれぞれ独自の可能性と目的を持っているということです。したがって、私たちはそれらの目標に従って自分の人生を評価し、設定する必要があります。他人の承認が、自分の可能性や目的を犠牲にしてでも満たさなければならないと感じる外部の基準になってはなりません。

セネカによれば、私たちはギリシャ語のユーチミアという言葉を頻繁に考慮する必要があります。この用語は、私たちの個々の道に対する感覚と、そこを横切る外部の気を散らすことなくその道を進む最善の方法を表しています。簡単に言えば、それは他の人に勝ったり、他の人より多くのものを所有したりすることではなく、代わりに、あなたがありのままでいること、そして引き離す誘惑に負けずに自分のやるべきことに同じように優れていることです。Euthymia（ユーティミア）とは（英語で）静けさを意味します。

あなたが人生で本当に重要なことを見直し、最も重要なことを実現するための一歩を踏み出す時期が来ています。そうして初めて、成功は真に楽しく、長期的で持続可能なものになるのです。このアプローチを取らなければ、成功しても大きな満足感や充実感は得られません。さらに悪いことに、それは長続きしません。

お金の問題は特にデリケートです。必要な量が正確にわからない場合、デフォルトは「もっと」になります。適切な思考や考慮がなければ、個人の批判的エネルギーは、銀行口座にできるだけお金を入れることを優先して、自分の使命を果たすことからそらされてしまう可能性があります。盗作者で不名誉なジャーナリストであるジョナ・レーラー氏は、「不安と野心の組み合わせ」が「ノーと言えない」原因となっていると自身の失墜を振り返って指摘した。

エゴは譲歩しません。彼女はそれをすべて望んでいます。
エゴは配偶者を愛しているのに浮気するように言います。それは、より少ないも
のでより多くのことを望んでいるからです。エゴは、物事が困難になり始めたとき
に「なぜ」すぐに飛び込んでしまうのですか？しかし、最終的には、あまりにも多
くのことが過剰になります。エイハブ船長が私たちにはもう理解できない理由で
白鯨を追いかけるように。

あなたの優先事項を動機づけるものには、お金、家族、影響力や変化、永続的
な利益をもたらす組織の構築、または社会に利益をもたらす変化の創出などが
含まれる可能性があります。これらはすべて完全に正当な動機です。ただし、何
があなたの選択を動機づけているのか、そしてそれがもたらす影響を知ること
は、賢明な選択をするために非常に重要です決定を下し、望ましい結果に向か
う道を歩み続けることができます。戦略は相互に排他的になる傾向があります。
オペラ歌手は、トレードオフを必要とする人生の要求があるため、同時に 10 代
のポップ アイドルとしてパフォーマンスすることはできませんが、あなたのエゴが
それを許しません。

では、なぜあなたはそのようなことをしているのでしょうか？それはあなたが自分
自身に投げかけ、できる限り正直に答えなければならない質問です。そうして初
めて、何が重要で何が重要でないかを明確にすることができます。そうして初め
て、何が本当に重要なのかを決めることができます。そうして初めて、簡単に
「ノー」と言えます。そうして初めて、カウントされない愚かなレースからオプトアウ
トできるようになります。その場合にのみ、「成功した」人々を避けるのは簡単に
なります。通常、それらはそうではありません - 少なくとも自分自身と相対的では
なく、多くの場合、自分自身にさえ相対的ではありません - そうして初めて、セネ
カが話したように静かな自信を築くことができます。

あなたの人生が拡大するにつれて、その困難も拡大します。誰もが、他の人が
持っているものを持っていると幸福がもたらされるという神話を信じがちです。こ
の幻想が空であることを理解するために、時には現実の確認が必要です。ま
た、自分がなぜそこにいるのか理解できないまま、プロジェクトや義務に追われ
ていることに気づくこともあります。勇気と信念を持てば、時間とエネルギーを消
耗する消耗的な義務になる前に、これらの活動を止めることができます。

自分の道を邪魔する人を無視し、代わりに自分が持っているものを周囲の人が
欲しがるようにしながら、自分が望むものを望む理由を見つけてください。それ
が真の独立です。

第 18 章: 権利、コントロール、パラノイア

差し迫った神経衰弱の明らかな兆候の 1 つは、自分の仕事が非常に重要であると感じていることです。

クセルクセスがギリシャ侵攻中にヘレスポント川を渡ったとき、その水が押し寄せ、すべての橋を破壊しました。この行為だけでクセルクセスは敗北し、最終的にはアテネに占領されました。

この時点で、彼は部下に鎖を川に投げ込み、300回の鞭打ちを加え、熱したアイロンで焼き印を付けるよう命令し、同時に「塩辛い川よ、主人に怪我をさせた恩を返さなければならない」と対処するよう命じた。"

偉大な歴史家ヘロドトスは、クセルクセスの誇示は傲慢であると述べました。ただし、それは控えめな表現かもしれません。非常識とか妄想的といった言葉のほうが、彼のふざけた行為が実際にどれほどばかばかしく突飛なものであるかをよりよく伝えるだろう。しかし、この行動は彼の性格の一部でした。このエピソードが起こる少し前に、クセルクセスは運河を掘削する計画を書いた手紙をその地域の山に送っていた。

なんて面白くて、それでいて悲しいのでしょう！

残念ながら、クセルクセスの妄想的脅迫は歴史的に異常なものではありませんでした。成功と権力には、権利、支配、被害妄想といった最も危険な妄想が伴います。

無生物を擬人化して危害を加え始めるほど精神異常にならないことを祈ります。そのような狂人は稀ですが、より一般的には、自分の力を過大評価して視野を失い、恥ずかしい茶番劇に過ぎなくなったクセルクセスのようになります。

ウィリアム・ブレイクは『詩人とその作品』の中で、「成功は私たち全員に魔法をかけ、中毒のように作用する可能性がある」と述べています。
問題は多くの場合、最初にどのようにして成功に至ったかに起因します。力ずくや純粋な意志の力による偉業によって達成される。起業家的な取り組みも芸術的な取り組みも、何もないところから何かを生み出す必要があり、富は市場や確率に打ち勝つことで得られますが、スポーツのチャンピオンは対戦相手に対する優位性を証明してきました。

急速に成功するには、周囲の人々の疑念や遠慮を脇に置き、拒絶を拒否し、潜在的に危険なリスクを冒す必要がありました。諦めるのは簡単だっただろうが、

諦めなかったからこそ、私たちはここにいるのである。不条理な確率に直面した
ときの粘り強さと勇気は、部分的に非合理的な傾向のように見えるかもしれませ
んが、成功すると、これらの特性が正当化されたように感じられます。

そして、なぜそうすべきではないのでしょうか？ひとたび何かが達成され、何らか
の方法で世界が変化すると、今度は私たちがそのすべてに対して魔法の力を
握っていると考えるのが人間の性質です。結局のところ、私たちがここに住んで
いるのは、私たちがより大きく、より強く、より賢いからです。私たちが存在する現
実を創造しているということ。

ビーニー・ベイビーズの生みの親であるタイ・ワーナー氏は、従業員のアドバイ
スを無視し、「彼らが私の肥料に興味を持ったら、彼らはそれを買うだろう！」と
豪語した。しかし、これは間違いであることが判明し、最終的に彼の会社は壊滅
的に失敗します。その後、彼は刑務所でもかろうじて逃れました。

あなたが億万長者であろうと、億万長者であろうと、あるいは早期にチャンスを掴
むことができた幸運な人であろうと、慎重に管理しなければ、確実性はすぐにア
キレス腱に変わる可能性があります。より良い生活を送りたいという願望や、仕
事の原動力となる野心は、最初は真剣な動機から始まるかもしれませんが、すぐ
に傲慢さや権利への変化に変わる可能性があります。コントロールしたいという
欲求も同様です。今では依存症を引き起こしています。疑う人が間違っているこ
とを証明したいという衝動は、簡単に被害妄想に陥る可能性があります。

確かに、新しい生活には当然のストレスや苦痛が伴う可能性があります。複数の
ことを同時に管理することから、もっとよく知っているはずの人が犯した間違い、
そして増え続ける義務のリストに至るまで、人生の移行を予想以上に困難なもの
にするこれらの感情に対して私たちを準備してくれる人は誰もいません。しか
し、この約束の地が逆に悪化することを許さないでください。自分自身の気持ち
を理解して、コントロールし、この人生を変える旅を自分のものにしてください。

アーサー・リーは、独立戦争中にサイラス・ディーンや元老政治家エドマンド・ラ
ンドルフらとともに外交官の一人としてフランスやイギリスにアメリカに奉仕するた
めに海外に派遣されたとき、同僚として一緒に働くことを楽しむというよりも、イラ
イラして屈辱的なものだと感じたことを不快に感じた。
ベンジャミン・フランクリンは、周囲の人々に対して怒りをぶつけることが多く、周
囲が自分を嫌っているのではないかと疑っていました。フランクリンは彼に手紙
を書きました。私たち全員がいつか受け取ることを検討すべきです。この気性が
続くと精神異常を引き起こすでしょう。フランクリンは、そのような手紙を書くことで
十分にカタルシスがあると判断した。したがって、決して送信しないでください。

リチャード・ニクソンの大統領執務室のテープを聞くと、病気のぞっとするような光景が浮かび上がります。誰かが彼にそのような手紙を送ってくれたらよかったのにと思います。これらのテープは、法律や自分の仕事（国民への奉仕）だけでなく、現実そのものについてもコントロールを失った人物を明らかにしています。彼の感情は自信と恐怖の間で激しく揺れ動き、自分の信じたいことに異議を唱える情報やフィードバックを拒否し、自分の願望を甘やかしながら、目的地に到達することもなく、良心さえも許されません。

デイビスが些細な問題で激しく衒学的になったため、ウィンフィールド・スコット将軍は当時米国陸軍長官だったジェファーソン・デイビスに書簡を送った。スコットはそれを無視したが、最終的には、無実だと信じている人々、この場合はデイヴィスに対してサンドバッグのように身を投げるような人々に対しては、常に同情心が向けられるべきであると手紙で返信することを余儀なくされた。スコットは「自分自身を傷つけるだけの打撃を与える激怒した愚か者に対しては、常に慈悲の心を示すべきである」と書いている。

エゴは私たちの最大の敵になる可能性があります。それは私たちが最も大切にしている人たちも傷つけます。私たちの家族、友人、顧客、ファン、顧客は皆、そのために苦しんでいます。ナポレオンの批評家は、「彼は賞賛を求めている国民を軽蔑している」と述べたことは有名である。ナポレオンは、フランス国民を自分が操作できる駒、あるいは自分が上回ることができることを証明する人々として見ずにはいられませんでした。つまり、彼らには、それが自分たちの階級内から完全かつ無条件で出てくるものでない限り、彼を支持するか反対する以外に選択肢がなかったのである。

知性のある人は、自分の力と範囲が限られていることをしばしば思い出さなければなりません。

権利とは、次のことを前提としています。稼ぐのは私のものです。しかし、権利は、自分の時間と同様に他人の時間を過小評価することで、他人の時間を奪います。私たちに対する激しい暴言や宣告は、私たちと一緒に働く同僚たちを疲弊させます。私たちは独り言を言ったり、将来の従業員の採用を検討したりするときに、自分自身を誇張します。多くの場合、現実に可能である可能性を超える非現実的な期待を生み出します。

コントロールは、麻痺するような完璧主義になったり、すべてに自分の意志を発揮するためだけに繰り広げられる終わりのない戦い、つまりその追求に疲弊することになりかねません。
私たちが必要としている人々、特に協力能力を超えて押し込まれるまで沈黙を続ける物静かな人々は、私たちをイライラさせることがよくあります。私たちは空港スタッフや顧客サービス担当者と電話で争ったり、保険金請求の担当者と戦ったりしていますが、何のためでしょうか?結局のところ、私たちは天候、市場価格、個人をコントロールすることはできないので、費やしたすべての努力とエネルギーは無駄になります。

パラノイアは私が誰も信用できないことを示唆しています。この取り組みにおける全責任は自分にあり、自分以外に頼れる人はいないということ。それは私が愚か者に囲まれていることを示唆しています。仕事、義務、自分自身だけに集中するだけでは十分ではないかもしれません。安心感を得るには、軽蔑されたと思われたものに反撃するための舞台裏の陰謀も必要です。

誰もが一度は、上司、パートナー、または親との争い、怒り、混乱、対立を経験したことがあります。彼らにとって事態はどうなったのか、そして事態は今どこに向かっているのでしょうか?

セネカは、政治顧問として、破壊的パラノイアが最高レベルに達しているのを観察し、「恐怖に耽溺する者は、より大きな不快感を得るだけである」と述べたことは有名です。

残念なことに、私たちが絶えず「ナンバーワンを探している」ということは、しばしば他の人が私たちを弱体化させ、反対するよう促す可能性があります。彼らは私たちの行動をありのままに認識し、弱さ、不安、不安定さを隠そうとしているのです。パラノイアは防ぐよりも多くの害を生み出し、所有者を自らの妄想と混乱の中に閉じ込めます。

成功を伴う自由を思い描いていますか?いいえ、おそらくそうではありません

したがって、今すぐ行動を起こしてください。

第 19 章: 自分自身を管理する

並外れた資質を持っているだけでは十分ではありません。また、最大限の効果を得るには、効果的に管理する必要があります。

--ラ・ロシュフーコー 1953年、ドワイト・D・アイゼンハワーは就任パレードから戻り、午後7時頃に大統領就任の夜のためにホワイトハウスに入った。

アイゼンハワー氏が行政官邸に入ると、主任案内人は、その日の初めにワシントンD.C.からアイゼンハワー氏に送られてきた機密とマークされた2枚の封印された封筒を差し出した。アイゼンハワー氏は直ちにこれに応じて、封書を二度と持ってこないように要求した。「封印された封筒は絶対に持ってこない」繰り返しますが、それが私のスタッフの目的です！」

なんとも俗っぽい！彼の頭の中はもう事務の仕事で終わってしまったのだろうか？

アイゼンハワーは、この一見些細な出来事が、組織内の混乱と機能不全を示すものであることをすぐに認識しました。すべてが彼を直接通過しなければならないわけではありません。封筒が重要であると誰が言ったのですか、そしてなぜ誰もそれを事前に検査しなかったのですか？

大統領としての彼の最優先事項は、行政府を軍隊の部隊内に存在していたものと同様の効率的で結束力のある部隊に組織することであった。それは彼自身が働きたくないからではなく、全員がそれぞれの仕事を持ち、彼らを信頼し、権限を与えていたからである。後に彼の首席補佐官は次のように述べている。「彼は最も重要なことを行う。私は自分の分を果たします。」

アイゼンハワーは公の場ではゴルフをしている人物として描かれることが多かった。このイメージは正確かもしれませんが、実際には彼は決してダラダラする人ではありませんでした。彼の仕事は、優先順位を設定し、大局を考えながら、部下が約束どおり仕事を完了することを信頼しながら、効率的な船を運航することで得られるものでした。

私たちのほとんどは社長でもないし、会社の社長でもないかもしれませんが、出世を目指して努力するとき、そこに到達するのに役立った同じ仕事の習慣やシステムが、必ずしも私たちをそこに維持できるとは限りません。スタート時や時間が経っていないときは、調整することが自然に身につくことがよくあります。
個人は、状況に応じて臨機応変に調整するユニークな個人である傾向があり、ハードワークと幸運で混乱を補うこともできますが、それではメジャーでは通用しません。成長できなければ破滅します。立ち上げて整理します。

ホワイトハウスのアイゼンハワー氏のシステムは、ジョン・デロリアン氏がゼネラル・モーターズから独立し、自身のブランド名であるデロリアン・モーター・カンパニーの下で未来的なスタイルの自動車を生産した後の象徴的な自動車会社とは全く対照的である。彼の成功は振り返ってみると短期間に見えるかもしれませんが、その内破は雄弁に物語っています。現在、私たちは彼が時代の先を行っていると誤解するかもしれませんが、デロリアンの栄枯盛衰は時代を超えて続いています。権力に飢えたナルシストが自分のビジョンを破壊し、その過程で他人に何百万ものお金を失います。

デロリアンは、GMの秩序と規律の文化が自分の創造性を阻害していると信じていたため、会社を立ち上げようとしたとき、意図的にすべての社会通念や商慣習を破り、そこから抜け出したのです。残念ながら、彼が想像していた自由奔放で創造的な聖域を作り出す代わりに、横暴で政治的で機能不全に陥り、さらには腐敗した組織が発展し、それが自重で崩壊し、最終的には犯罪、詐欺、そして2億5000万ドルの損失に屈することになりました - デロリアンの当初の夢とは程遠いものでした！

デロリアンはトップダウンの経営がずさんだったため、車としても会社としても失敗しました。この点において、デロリアン自身はアイゼンハワーに比べて特に無力である。彼は休みなく働きましたが、良い結果は得られませんでした。

ある幹部は、デロリアンには「大きなチャンスを認識する能力はあったが、それをどう活かすかが分からなかった」と指摘した。別の人は、彼の管理スタイルを「色とりどりの風船を追いかけている」と表現しました。これは、あるプロジェクトに気を取られ、別のプロジェクトに移ることがよくあったことを意味します。デロリアンは明らかに素晴らしかったですが、残念ながらそれだけでは十分ではないことがよくあります。

デロリアンは無意識のうちに、自分のエゴが自由に働く環境を作り出していました。継続的な成功が自分の権利であると信じていた彼は、規律、組織、戦略計画などの概念に躊躇することがよくありました。その結果、従業員は十分な指示を受けられないことが多く、また、デロリアンの指示（能力やスキルよりも盲目的な忠誠心により信頼する人々に仕事を委任するもの）からの些細な指示に忙殺されることもあれば、デロリアン自身ができることを理由に仕事に遅刻することもよくありました。たとえ遅刻したり、他の用事に気を取られたりして仕事に遅れたときに許されたとしても、決して委任しないでください。

幹部は、会社時間内に、自分自身や会社に何の負担もかけることなく、課外活動を行うことが認められました。ビジネスを犠牲にして上司に利益をもたらすサイドプロジェクトを追求することを特に奨励しました。デロリアンは投資家とやり取りする際、事実を誇張したり改ざんしたりすることが多かった。
習慣的な飲酒は社内の役員やサプライヤーに広まっていました。

デロリアンは、意思決定をする際に効率や責任以外の何かによって動かされ、GMのシステムを改善したり修正しようとしたりする代わりに、秩序を完全に放棄したように見え、誰もルールに従わず、誰も責任を負わず、何も達成されない混乱を引き起こしました。この状況がすぐに崩壊しなかった唯一の理由は、デロリアンの優れた広報スキルが、欠陥車が生産ラインから流出し始めるまで物語をまとめ続けたからでした。

ここでは驚くべきことではありません。デロリアン モーター カンパニーは、自動車のこの悲惨な発売から完全に立ち直ることはできませんでした。彼らの車は動かず、ユニットあたりのコストは予算を大幅に上回り、ディーラーの数が足りず、すでに所有しているディーラーに車を届けることもできませんでした。そして発売日は大失敗でした！デロリアン・モーター・カンパニーは完全に回復することはなかった。

有能なリーダーになるのは難しい場合があります。誰かわかったね？！

デロリアンは自分自身をコントロールすることが困難で、そのせいで他人を監督する努力が妨げられました。

それで彼は自分自身も夢そのものも失敗に終わりました。

管理？あなたの創造性と新鮮なアイデアのすべてが報われますか?それとも、人間になるということは、最終的には直面しなければならない現実なのでしょうか?最終的には、私たち全員が、かつて大人の監督として拒否したような立場にならなければなりません。そして、代わりに、「今は私が責任者になったので、物事は違うでしょう！」と考えて憤慨して反応する必要があります。

アイゼンハワーが大統領になったと想像してみてください。彼は計り知れない権力を持っていました。もし彼が物事の運営に無秩序だったり不注意だったとしても、人々はそれをただ対処するかもしれない（彼の前にもそのような大統領はたくさんいた）。しかし、アイゼンハワーは、自分自身よりも国家のために秩序と責任が必要であることを理解していました。彼は代わりにそれらを優先事項にしました。

デロリアンの悲劇は、彼のアイデアが的を射ていたことにあった。彼の車は画期的で、彼のモデルはうまく機能し、彼のすべての資産と才能がうまく結集した可能性があります。残念ながら、私たちの多くのようにそれが起こらなかったのは、彼のエゴとその結果としての混乱でした。

あなたの分野が進歩し、成功とともにあなたの責任が変化するにつれて、あなたの義務もそれに応じて変化する可能性があります。時間が経つにつれて、意思決定は実行することよりも、行うことを重視するようになります。それがリーダーシップの本質です。適応するには、自分のアイデンティティを再評価して更新すると同時に、以前の仕事のより楽しかったり充実感があったいくつかの側面を放棄して謙虚さを示すことが必要です。こうした変更を加える際には客観的な視点を持つ必要がありますが、これは多くの人にとって難しいことです。
自分が有能だと考える分野では、他の人がより資格や知識を持っている可能性があることを受け入れます。彼らの時間はあなたの時間よりも彼らに投資された方が良いかもしれません。

確かに、あらゆる細かい点に関与できれば、より充実感が得られ、自分が重要であると感じられるかもしれませんし、火を消すように求められると、やりがいと豊かさを感じるでしょう。細部は限りなく魅力的で、多くの場合お世辞になりますが、全体像を認識するのは難しい場合があります。しかし、責任を持つということは、全体像を考えることを意味します。なぜなら、船全体をスムーズに航行させるためには、権威ある人物の役割を担う人が必要だからです。しかし、「上司」としての職務以外のことを考えずに、誰がそうするでしょうか？

「正しい」システムなどありません。分散構造の方がうまく機能する場合もあれば、階層構造のほうがうまく機能する場合もあります。それぞれのプロジェクトと目標には、その要件に合わせてカスタマイズされた独自のアプローチが必要です。おそらく、創造的でリラックスした環境があなたのニーズに最も適しているでしょう。ビジネスをリモートで運営するのが最適かもしれませんし、関係者全員が直接対話することが有益かもしれません。

あなたの業界があなたを食い荒らす前に、自分自身と他人を適切に管理する方法を学ぶことが重要です。マイクロマネージャーは利己主義者であり、他の人々を効果的に監督することができません。カリスマ的な先見の明のある人も、いざ実行するとなると退屈してしまうのと同じです。しかし、おそらく最悪なのは、後始末をし、現実から遠ざける幻想的な現実を作り出す傾向のあるイエスマンという閉鎖的なバブルの中に自分自身を閉じ込めている人たちです。

説明責任を果たすには、再調整と、より明確で目的のある目標が必要です。

組織と生活の両方にとって最優先の目標と優先順位を確立します。

効果的な結果重視の戦略には、実施と監視が必要です。そうして初めて本当の進歩が見られるでしょう。

一般に信じられているように、魚は頭から臭いがします。さて、今度はあなたの番です。あなたはもはや無知ではなく、あなたの行動で潜在的な顧客を遠ざける責任があります。

第20章: 私に気をつけてください

ヒレル (HILLEL) 第二次世界大戦の多くの偉大な連合軍将軍の中には、パットン、ブラッドリー、モンゴメリー、アイゼンハワー、マッカーサー、ジューコフがいました。ジョージ・パットンは印象的なメンバーとして際立っていた。

キャトレット・マーシャル・ジュニアは、名誉と勇気を持って奉仕し指導することで、仲間の軍事英雄や指導者の中でも際立っています。

今日、第二次世界大戦は正義と悪が対立した議論の余地のない戦争のように見えますが、時が経ち、勝利を収めるにつれて、私たちはこの戦争を終わらせるために勇敢に戦った右側の人々とのつながりを失いました。勝利は彼らの人間性を曖昧にする。

つまり、私たちは、第二次世界大戦中に連合軍の将軍の間で顕著に見られた、政治、陰謀、スポットライトの追いかけ、姿勢、貪欲などのことをすべて忘れているのです。他の将軍たちが歴史に残る地位を獲得するために縄張り争いを繰り広げる中、ジョージ・マーシャル将軍は傑出した人物でした。彼はそのような行為はしませんでした。

マーシャルはその目覚ましい功績で静かに彼ら全員を上回りましたが、彼の秘密は何だったのでしょうか?

パット・ライリーは、コーチ兼GMとしてロサンゼルス・レイカーズを監督した影響力のあるコーチ兼マネージャーでした。

マイアミ・ヒートとセルティックスの両方を複数のチャンピオンシップに導いた後、クリス・ボッシュは、優れたチームは進化のプロセスをたどる傾向があると主張します。チームが最初に結成されたとき、つまり勝つ前は、無邪気にスタートする傾向があります。状況が許せば、チームメンバーは団結し、お互いに気を配り、ボッシュが「イノセントクライム」と呼ぶ集合的な目標に向かって努力します。しかし、勝利が始まり、メディアの注目が高まり始めると、その単純な絆は急速に崩壊し始めます。

「選手たちは自分の重要性を評価し、胸が高まり、フラストレーションが生じ、エゴが表面化する」とパット・ライリーは言う。彼は、「イノセント・クライム」はほとんどの場合「私の病気」に取って代わられると主張しています。それは、どの年、どの瞬間にも、驚くべき規則性で、どの優勝チームにも襲いかかる可能性があります。

シャックとコービーは一緒にプレーすることができなかった。マイケル・ジョーダンは、自身のチームメンバーであるスティーブ・カー、ホレス・グラント、ウィル・パーデューに暴力を振るった！さらに、エンロンの従業員は停電を通じて個人的な利益のためにカリフォルニアを暗闇に陥れました。不満を抱いた経営陣が気に入らないプロジェクトを阻止するために情報をメディアに漏洩した。彼らが嫌がるプロジェクトを阻止しようとしてメディアにリークする。ネガなどのネガティブな戦術も同様です。

私たちの組織では、それは自分たちが優れている、または特別であると信じる誘惑に負けることを意味する場合があります。私たちの問題や経験は他の人たちの問題や経験とはあまりにも異なっており、誰もそれらを理解することは不可能であるということ。そのような態度は、私たちよりもはるかに優れた人々、チーム、大義を運命づけてきました。

マーシャル将軍は歴史上、例外的な例外として際立っています。1939年にドイツがポーランドに侵攻した日に米陸軍参謀長として任期を開始し、第二次世界大戦を通じて勤務した彼は、この傾向に屈することを避け、そうした傾向に屈した人々を恥じた。

ランクとのバランスのとれた関係（彼の職業において最も執着しているもの）から始まり、物語は彼の職業上の歩み全体を追っていきます。

彼は地位や地位を公に示すことにひるみませんでした。たとえば、彼はトルーマン大統領に、ジョージではなくマーシャル将軍と呼ぶよう要求した（彼には当然のことだ！）。他の将軍たちが昇進を目指して定期的に運動を行っていた一方で、マッカーサーは母親の精力的な擁護により第一次世界大戦中に昇進を果たしたが、マーシャルはこのような行為を積極的に阻止した。マーシャルは、この地位を推し進めようとする人々に、それが彼を「軍の中であまりにも目立ちすぎた。本当に目立ちすぎた。その後、マーシャルは、彼に元帥の階級を授与する法案を可決しようとする下院の取り組みに反対した。それは愚かに聞こえるからだけでなく、当時彼の指導者であり、死期が近づきながらも依然として指導と助言を提供していたパーシング将軍を不快にさせたり、影を落としたりする可能性があるからでもあった。

想像できますか？彼の名誉心は名誉を断ることを必要とし、代わりに他の人に与えることがよくありました。もちろん、彼はそれを望んでいたのですが、それは正しい方法でした。もっと重要なのは、たとえそれらがあれば良かったとしても、それらは必須ではないということを認識することでした。彼の自我は検証のために外部からの検証を必要としていましたが、自信のおかげで外部からの認識を気にせずに仕事に集中することができました。

私たちのキャリアの最初は、犠牲を払うのが簡単かもしれません。おそらく、大学入学を諦めて自分の会社を設立することもできるでしょう。あるいは、後まで威信を持たずに行動する必要があるかもしれません。

成功を収めると、「自分のものを手に入れる」という考え方から、「自分に値するものを自分が手に入れる」という考え方に切り替わる傾向があります。たとえそれが私たちをここに導いたものではなかったとしても、突然賞や評価が重要になります。お金、肩書、メディアの注目は、私たちが必要とする重要なリソースになります。それは、チームや大義のためではなく、私たちが自分たちで勝ち取った成功を表しているからです。

はっきりさせておきたいのは、他人を犠牲にして貪欲になって自分の利益を追求する権利を獲得した人は誰もいないということです。そうでないと考えれば、利己的な態度を促進するだけであり、関係者全員にとって悲惨な結果を招くだけです。

マーシャルは厳しい試練にさらされた。彼が生涯かけて訓練してきた仕事、つまりこれまでに目撃された中で最大規模の組織的侵攻の一つとなるDデイ部隊の指揮は、まさに手に入れられるチャンスだったが、ルーズベルトはそれが自分の仕事になる可能性があると明言した。ルーズベルトは、望むならDデイにマーシャルの才能を望んでいました。結局のところ、将軍はワシントンでの行政上の仕事よりも、戦場での功績によって記憶されるのである。たとえその時点ではマーシャルが頻繁にワシントンに滞在する必要があったにもかかわらず。したがって、ルーズベルトは彼に指揮を執ってほしかった。マーシャルはこれを拒否し、最終的にはアイゼンハワーに政権を引き渡した。

アイゼンハワーは、その役割に適任であることを証明した。彼の優れたパフォーマンスは戦争の勝利に貢献しました。他に何かと引き換えにする価値はあっただろうか？

しかし、私たちはしばしばこれだけを行うことを拒否します。私たちのエゴが、私たちが参加する可能性のあるより大きな使命に貢献するために努力を貢献することを妨げます。

私たちは何ができる？私たちは誰かが私たちより有利になることを喜んで許しますか？

シェリル・ストレイドはかつて若い読者にこうアドバイスしました。「あなたは、将来そうなる自分になりつつあるのです。自分の人生を惨めにするような間違いを犯さないでください。成功の大きな皮肉の１つは、その成功が、私たちを決してなりたくなかった人間に変えてしまう可能性があることです。」そもそも、私の病気は、一見無害な登山さえも台無しにする可能性があります。」

マーシャルは、キャリアの半ばで彼をひどい扱いをし、無名なポストに就かせる将軍に遭遇した。その後、マーシャルがこの将軍を追い詰めて復讐の機会を得たが、マーシャルが自分の欠点に関係なく、祖国にとって依然として貴重な役割を果たしており、マーシャルが自分なしで国がなくなることを望まなかったため、代わりにそれをやめた。したがって、彼のあらゆる努力に対して、この将軍は何の賞賛も受けなかったが、感謝としてまた良い仕事をしただけだった。

「寛大」という言葉は最近ではあまり聞かれませんが、マーシャルは寛大で、寛容で、寛大でした。ルーズベルト大統領自身と同じくらい高い立場の観察者によれば、それは正しかったからです。
トルーマン大統領は、マーシャル将軍が軍事面でも政治面でも傑出した人物だったのは「自分のことを一度も考えなかった」からだ、と指摘した。

マーシャルは、座る必要のある公式肖像画を数多く撮影するよう求められていた。何度か姿を現し、画家からのすべての要求に辛抱強く応じた後、マーシャルはついに、1枚の肖像画が完成し自由になった時点で画家から去ってもよいと告げられた。マーシャルは立ち上がって立ち去り始めたが、「私の絵を見たくないか？」と尋ねられた。マーシャルは「ノーサンキュー」とアーティストに礼を言わずに返答し、その後敬意を持って休暇を取って去った。

ということは、画像管理は重要ではないということでしょうか？いいえ、キャリアをスタートしたときは、イメージ管理が主な目標になるかもしれません。しかし、キャリアが発展し、より多くの成功を収めるにつれて、それが他の何よりも気を散らすものになっていることに気づくかもしれません-記者、賞プログラム、マーケティングへの対応に費やす時間は、あなたやあなたに最も近い人々にとって本当に重要なことを奪います。

自分の写真を見る時間や興味がある人がいるでしょうか?なぜわざわざ？

ジョージ・マーシャルを控えめだとか物静かだと軽視する人々は、彼の特別な性質を理解できませんでした。利己心、誇り、威厳、野心など、すべての人間と同様の特性を備えた人物ですが、これらは謙虚さと無私の心によってバランスが保たれていました。

同僚に魅力的に記憶されること自体は悪いことではありません。それは人生の魅力の一部です。

トニー・アダムスは、サッカーのコーチングでこのバランスを適切に表現しています。ジャージの表の名前でプレーすれば、彼らはその裏側の名前を覚えてくれるでしょう。

マーシャルは、各人は主に自分の影響によって作られた環境の中で生きており、無私の心や誠実さが弱点である、あるいは進歩を妨げているという考えを反証しました。

なぜわざわざクレジットを取得するのでしょうか？本当に気にする人はいません。

第 21 章: 無限さについて瞑想する

僧侶は、自然や人間と同様に一体を保つために瞑想を実践する尊敬され尊敬される人物です。

ジョン ミューアは、環境活動家兼探検家として 1879 年に初めてアラスカを訪問し、フィヨルドと険しい地形を自ら探検しました。この旅を通じて、彼はその美しさを直接体験しましたが、同時にその天然資源の将来の開発計画についての洞察も得ました。

グレイシャー ベイは、ミューアがその変革力を初めて体験した場所です。彼の自然に対する愛情は常に強かった。しかし、ここ極北の独特な夏の気候では、自然界のすべてが完璧に調和しているかのように見えました。目の前にあらゆる生態系や生命の輪を見ているようだった。ミューアは即座に感動し、「心が温かくなり、あらゆるものに同情するようになり、私たち皆が生まれた自然の中心に戻った」と感じ始めた。幸運なことに、彼はその美しさを目撃し、日記に記録しました。それ以来、他の人が再現することができたものはほとんどありません。その瞬間、彼はストア派がシンパテイアと呼ぶもの、つまり自然とその大きなサイクルとのつながりの感覚を経験しました。ピエール・アドットは、それを海洋の感覚、つまり、より大きなものの一部であると感じ、「人間のものは、広大な宇宙の時間と空間の中の無限の小さな点である」と理解していると表現しました。そのような瞬間に、私たちは自由を見つけますが、重要な疑問、つまり私は誰なのか、何をしているのか、そして世界でどんな役割を担っているのかということに惹かれます。

物質的な成功ほど、これらの問いから私たちの気をそらしてしまうものはありません。それは、私たちが常に忙しく、ストレスを感じ、緊張しているとき、頼られているとき、頼られているときです。あるいは、私たちのエゴが、意味は活動によってもたらされると教えているのなら。重要で強力であると感じる手段として注目の的になることは、すべて私たちを人間として定義する一部分です。

私たちが自分より大きなものや大きなものとのつながりを感じなくなるとすぐに、私たちの魂の一部が消え、かつて私たちが属していた伝統（工芸品、スポーツ、兄弟愛/姉妹愛、家族など）が消えてしまいます。エゴは私たち自身と世界の美や歴史との間の障害物となり、私たち自身と人生を十分に経験することの間に立ちます。

成功が空虚に見えるのも不思議ではありません。私たちが疲れ果てたと感じるのも不思議ではありません。私たちのエネルギーが時間の経過とともに衰えることを心配する必要はありません。

実験: 古代の戦場や歴史的に重要な場所に入り、その彫像を観察します。昔と今とで、人々の見た目がいかに似ているかがわかるでしょう。その時代は、以前も、そしてそれ以来ずっと、まったく変わっていません。かつて偉人がここに立っていました。別の勇敢な女性がここで自らを犠牲にしました。邪悪な金持ちがこの宮殿のような家に住み、繁栄していました - 世代が経つごとにその経験がますます現実味を帯びてきます...他の人が何世代にもわたってあなたより前に来ていたという圧倒的な感覚を与えます...

そのようなとき、私たちの人生はエゴをはるかに置き去りにした巨大な視点を帯びます。代わりに、私たちは、人間はすべて「すべての祖先からの引用」であるというエマーソンの言葉を痛感し、自分たちのルーツを認識し、そこから学ぶことになります。これはミューアがアラスカを探索中に爽快だと感じたものです。そうです、私たちは小さいかもしれません。しかし、それぞれの作品は、この素晴らしい宇宙とプロセスの形成にその役割を果たしています。

ニール・ドグラース・タイソンは、この二重性を適切に表現しています。彼らの言葉が証明しているように、宇宙との関連性と無関係性の両方を同時に理解することができます。「宇宙を見上げると、両方の側面を認識させられます。宇宙を見下ろすと、自分は小さいながらもつながっていることがわかります。どちらの側が長くここにいたかを決して忘れてはなりません。」
歴史上の多くの偉大な指導者や思想家が、人生を方向転換するインスピレーション、計画、経験を求めて「荒野へ」行ったのはなぜでしょうか?それは単純に、彼らが日常生活を離れることで視点を見つけたからです。全体像を理解することができた。周囲の騒音を消して、より静かな声を聞くことで彼らの決断を導き、それが歴史を永遠に変えたのです。

創造性には、すべてが自分中心に回っていると信じるのではなく、オープンさと受容が必要です。

たとえ一時的であってもエゴを取り除くと、浮き彫りに残っているものにアクセスできるようになり、視野を広げることで、より多くのものを明確に見ることができるようになります。

私たちが過去や未来の出来事から切り離されていることは、本当に悲しいことです。私たちは、かつてピラミッドの建設中にケナガマンモスが地球を歩き回っていたことを忘れています。私たちの知らないうちに、クレオパトラは、彼女の王国を象徴する象徴的なピラミッドの建設に携わるよりも、私たちの近くに住んでいたのです。有名な石のライオンがいるネルソン記念柱を建設するためにトラファルガー広場を掘削していた英国の労働者が、ほんの数千年前にそこを歩き回っていた本物のライオンの骨を発見しました。最近誰かが、時間の経過とともにバラク・オバマとジョージ・ワシントンを結びつけることができるのはわずか6人だけであると計算した。YouTube は、CBS のゲーム番組「I've Got a Secret」の 1956 年のエピソードに男性が出演している様子を映したビデオを提供しています。このエピソードにはルシル・ボールも出演し、リンカーン暗殺時のフォード劇場での関与を視聴者に知らせていました。彼の秘密は？彼はそれを直接目撃しました！イギリスは、南海バブル、ナポレオン戦争、イギリス帝国における奴隷制廃止、アイルランドのジャガイモ飢餓などの出来事により、1720年に遡って生じた借金を返済したのはつい最近のことである。数世紀前の出来事とのこれらのつながりは、今日でも明白に残っています。

私たちの力や才能が増大するにつれて、私たちは自分が特別である、つまり前例のない時代を生きていると考えるようになります。50年も前の写真が白黒で残っていることが多いため、この誤解はさらに悪化します。したがって、私たちは世界が同じくらい暗かったと思い込んでいます。しかし、そうではありませんでした。彼らの空は私たちの空とまったく同じで（場所によってはさらに明るい！）、私たちと同じように痛みを経験し、私たちと同じように頬が赤くなりました。私たちも彼らと同じであり、これからもそうです。

モハメド・アリはかつて、「私と同じくらい偉大な人間であると、謙虚になるのは難しい」と述べました。だからこそ、偉大な人々は謙虚さを保つためにさらに努力しなければなりません。自尊心と傲慢さは自然な傾向です。偉大な人々は、これらの課題に対してさらに懸命に闘わなければなりません。自分の能力に自信があると、傲慢になりがちです。
隔離された感覚遮断タンクは、偉大さを達成するための理想的な環境を提供します。どこまでも続く黒い海が岸に打ち寄せる夜遅く、ビーチを一人で歩いていると、人は謙虚で敬意を払わずにはいられません。

私たちは宇宙的な共感を積極的に求めなければなりません。ウィリアム・ブレイクは、彼の有名な詩の中でこのようにこのことを書きました: 一粒の砂の中に世界を、そして野生の花の中に天国を見て、あなたの手の中に無限を、そして一時間で永遠を握りなさい。！

自然の要素や力、環境に対して弱いと感じたら、周囲の人々と戦ったり競争したりすることがいかに無意味であるかを思い出してください。代わりに、無限と再びつながり、周囲のすべてのものに注意を払うことで、現実からの意識的な分離を終了します。以前にどれだけのものがあって、現在どれだけ残っているかを思い出してください。

感情が落ち着いたら、もう一度撮影してください。待ってはいけません。今やれ。

第 22 章: 禁酒を維持する

栽培を成功させるには、最も単純な原則が必要です。

アンゲラ・メルケル首相は、指導者、特にドイツの指導者に対する大方の期待を裏切っている。彼女は控えめで謙虚です。彼女はほとんどの政治家のように大げさな主張や壮大な発言をしません。

彼女はプレゼンテーションやフラッシュをあまり重視しません。彼女は激しいスピーチを避けます。拡大や支配への欲求はなく、一般的に彼女は穏やかで控えめなままです。

アンゲラ・メルケル首相は、エゴ、権力、立場に影響されないという点で、多くの指導者より際立っている。しかし、この節制こそが、彼女を三期にわたってこれほど人気のある指導者にし、現代ヨーロッパの自由と平和に影響力を与える存在にしているのである。

メルケル首相は少女の水泳教室で、飛び込み台の上に立って飛び降りることを考え、飛び降りるか飛び降りるかを考えていたと言われている。数分が経過しました。時間はどんどん過ぎていき、ついに授業終了のベルが鳴り始めるやいなや、彼女は飛び上がった。それは恐怖だったのでしょうか、それとも単なる警戒行動でしょうか？何年も後、危機がヨーロッパを襲ったとき、彼女は指導者たちに「恐怖は助言ではない」と思い出させた。飛び込み台に乗っていた子どもの頃、彼女は無謀や恐怖に駆り立てられるのではなく、意思決定のために一秒一秒を費やしたいと考えていました。

一見すると、人は純粋なエネルギーと熱意だけで成功すると思われるかもしれません。ただし、エゴが「成功する」ために不可欠な役割を果たすこともあります。おそらくあなたの横柄さがあなたをそこまで押し上げたのかもしれませんが、本当にこの先数十年もそれを維持できるでしょうか？

答え: いいえ。私たちのエゴは、私たちが無敵であると告げ、私たちは決して消えることのない無限の力を持っていると信じています。しかし、偉大さには何か別のもの、つまり制限のないエネルギーが必要だろうか？

メルケル首相はイソップのウサギとカメの寓話を擬人化している。イソップ自身が彼について言ったように、彼女はゆっくりと着実です。ベルリンの壁が崩壊した夜、彼女は35歳だった。その時点で彼女には子供が1人いました。
飲み終えて家に帰って寝ると、次の日は早起きして予定通り仕事に出勤しました。数年後、彼女は尊敬されるが無名の物理学者になるべく努力し、50代で政治の世界に足を踏み入れた。最終的には首相になるのですが、これは長くて着実な道のりです。

しかし、私たちのほとんどは、昇進の列に並ぶ忍耐力を持ち合わせず、遅滞なく迅速に成功を収めたいと考えています。トップに到達すると、それを維持するためにエゴやエネルギーが必要であると誤解しがちですが、これは真実ではありません。

ロシアのウラジーミル・プーチン大統領はかつてメルケル首相を飼っていた大型狩猟犬を会議に乱入させて威嚇しようとしたことがあるが（メルケル首相は犬が嫌いと言われている）、メルケル首相はひるむことなく、その後そのことについて冗談を飛ばし、メルケル首相が愚かで不安そうな表情を浮かべたままにした。メルケル首相は首相に就任して選出されて以来、周囲のストレスや刺激に関係なく一貫して平衡状態を維持し、明晰な頭を保ってきた。

この状況においてメルケル首相は、怒って反応したり、砂に線を引いたりするのではなく、断固たる行動をとることで勇気を示した。そのような反応は、多くの場合、緊張を和らげるどころか、むしろ緊張を煽ることになります。メルケル首相は、私たちのエゴに従って他党に対して強権的な行動を取るのではなく、毅然とした態度、明晰さ、忍耐力を示し、問題となっているいかなる原則も屈することなく妥協する姿勢を示しました。その事実をまったく見失っている人が多すぎます。

それが節制です。それは自分自身をコントロールすることです。

彼女は偶然に西洋社会で最も強力な女性になったわけではありません。むしろ、彼女は効果的な方法でこのタイトルを3期にわたって保持しました。

マルクス・アウレリウスはこのことをよく理解していました。ほとんど自分の意志に反して政治の世界に身を投じた彼は、10代から死に至るまで、次々と高位の役職に就いてローマ国民に奉仕し、常に上訴、戦争、法律、そして認められる恩恵で多忙を極めた。マーカスは、彼が「帝国化」と呼んだもの、つまり歴代皇帝に恥をかかせた絶対権力の汚点から逃れようとした。その目的を達成するために、彼は自分自身に、「哲学があなたを形作ろうとしたものになるために戦わなければならない」と書いています。

禅哲学者瑞巌は、自分自身にこう呼びかけるときに、この実践をしばしば引用したと言われています。

"マスター - "
"かしこまりました？"

それから彼はこう言いました：「酔いつぶれなさい」そして「はい、先生？」と彼の意志を確認します。(はい、先生?) (はい、先生?) 最後に次のように言います。

「他人に誤解させないでください。

今日、私たちはこれに「はい、先生」と付け加えることができます。

「承認を受け取ったり、銀行口座にお金があることに騙されないでください」とウィリアム・ジェームスの重要な引用が書かれています。

断酒と闘うには努力が必要です。私たちは、私たちの注意を引こうと争うあらゆる影響に対して懸命に闘い、冷静さを保たなければなりません。

シェルビー・フットは、「権力はそれ自体で腐敗するのではなく、むしろ断片化し、選択肢を閉ざし、魅了する。最も明晰さが必要なときにこそ、エゴが心を曇らせ、禁酒が効果的な治療法、あるいはもっと良いのは予防法になる」と述べた。。

メルケル首相が有名に述べたように、他の政治家は大胆でカリスマ性があるかもしれない。彼女はむしろ合理的な分析を好みます。彼女の科学の背景は確かにここで役に立ちます。多くの政治家は時間の経過とともに虚栄心が強くなる可能性があります。メルケル首相はイメージよりも結果を重視している。あるドイツの作家でさえ、50歳の誕生日に追悼の意を表して、気取らないところが彼女の主な武器だったとコメントした。

デビッド・ハルバースタムは、ハルバースタムの記事でペイトリオッツのコーチ、ビル・ベリチックについて論じた際、彼のシズル感全般に対する軽蔑と、ベリチックとメルケル首相への影響について指摘した。これらの指導者は、ステーキが試合に勝ち、国を前進させる一方、シズル感が障害を生み出すことを知っている。誰を昇格させるか、どのプレーを実行するか、受け取ったフィードバック、または問題についてどこで議論する必要があるかについて、情報に基づいた意思決定を行うことができます。

チャーチルのヨーロッパではあるタイプのリーダーが必要でしたが、今日の相互接続された世界では別のタイプのリーダーが必要です。世の中には選別が必要な情報と競争があまりにも多く、効果的なリーダーがいないと効果的に管理する必要がある変化があるため、チャーチルのようなリーダーの明確な思考と指示がなければすべてが失われます。

無我の禁酒には薬物やアルコールを控えることは含まれませんが、その実践には確かに抑制と排除の要素が含まれています。つまり、自分のイメージに執着しないことです。自分より下または上の人を軽蔑的に扱う。一流の装飾とスターの扱いを要求する。あるいは、激怒したり、喧嘩したり、身づくろいをしたり、パフォーマンスをしたり、威張り散らしたり、見下したり、「あの人は確かにすごい」などと誇らしげにコメントして自分自身に感嘆したりする行為に耽ることもある。

特に状況が改善し続けている場合には、禁酒は成功へのカウンターウェイトとして機能するはずです。

ジェームス・バスフォードが指摘したように、連続する繁栄の波に耐えるには強い体質が必要であり、それが今日の私たちの現状です。
幸せに生きるためには、密室で生きなければならないという古いことわざがあります。それは特定の人々に当てはまるかもしれないが、それは公の場で大多数のサイレント・マジョリティーを代表するアンゲラ・メルケル首相のような好例が我々に欠けていることを意味する。

テレビで見ることをそのまま信じるわけではありませんが、メルケル首相のように質素なアパートで質素な生活を送っている成功者も実際にいます。彼らは配偶者と通常の私生活を楽しんでいる（メルケル首相は最初の就任式を欠席した）。彼らの生活には工夫が欠けています。彼らは普通の服を着ています。ほとんどの成功者は、まさにこの理由からあなたに知られていません - それが彼らにとって成功を意味します。

飲酒を維持することは、職務をより効果的に遂行するのに役立ちます。

第23章: 人生においてエゴはしばしば敵となる…

証拠が提示されたので、あなたは決断を下さなければなりません。

今、あなたは頂点に立っていますが、何を発見しましたか？管理することがいかに難しく複雑であるか。もしかしたら、あなたが到着したら物事はもっと簡単になるだろうと思ったのかもしれません。残念ながらそうではありません。

むしろ、それはより挑戦的であり、まったく異なる獣であることが判明しました。あなたが発見したのは、成功し続けるために効果的に自分を管理するには、常に警戒する必要があるということです。

アリストテレスは、エゴ、権力、帝国の間の闘争をよく理解していました。おそらく彼の最も有名な弟子はアレクサンダー大王でしょう。教育の一環としてアリストテレスの指導を受けて、アレクサンダーは地球上の既知のすべての領土を征服しました。アレクサンダーは勇敢で、同様に聡明でしたが、アリストテレスの重要な教訓を1つ無視しました。それは、彼の32歳での死を、最終的にもう十分だと言った内部勢力によるものである可能性があり、最終的にもう十分だと言った彼自身の軍隊のメンバーによって殺された可能性があることを説明するかもしれません！

アレクサンダーには大きな野心がありました。残念なことに、彼はアリストテレスの「黄金の中庸」を完全には認識できませんでした。アリストテレスは、美徳と卓越性について、両極の臆病と無謀の間に横たわる勇気のように、連続体に沿った点としてしばしば語った。寛大さはアリストテレスによって評価されたもう一つの特性であり、有用であり続けるためには放蕩や倹約を避けなければなりません。そうしないと、危険な極端な状態になる危険があります。このバランスポイント（アリストテレスはこれを黄金の中庸と呼びました）を見つけなければ、卓越性はほぼ不可能になります。「いずれの場合も、相当する点を見つけるには大変な作業が必要です。たとえば、その中間点を見つけられるのは知識のある人だけです。」

私たちは黄金比を利用して、エゴと達成願望の両方を導くことができます。

野心は簡単に実現します。誰でもアクセルを踏み込むことができます。自己満足もすぐにやってきます。ビジネス戦略家のジム・コリンズが「規律のない野心」と呼ぶものを避けなければなりません。
「さらなる追求」と賞賛から来る自己満足は、どちらも自己満足につながる可能性があります。アリストテレスはこれを最もよく言いました。「難しいのは、適切な車両を使用して、適切なタイミングで、適切な時間、適切な目的地に合わせて、十分な圧力を加えることです。」

これを怠ると重大な影響が生じる可能性があります。

ナポレオンは、大きな野心を持った人が幸福を求めるとき、代わりに名声を見つけるという有名な言葉を引用しました。この引用が意味するのは、どの目標も私たちを達成への道へと導く可能性を秘めているということです。しかし、エゴイズムが支配すると、私たちはその意図を見失い、意図しない場所に行き着いてしまうことがよくあります。エマーソンは、ナポレオンに関する有名なエッセイの中で、ナポレオンの死後すぐにヨーロッパが彼の流星的な台頭が始まる前の状態に戻ったことを強調しました。彼の名声が大砲の砲撃のようにすぐに消え去ったのと同じくらい、これらの死、努力、貪欲さ、名誉はすべて無駄になりました。エマーソンは、ナポレオンの大砲の火力が急速に分散した煙のように、すぐに消え去ったと書いている。彼の突然の上昇の後、大砲の火力からの煙がすぐに消えてしまい、大きな変化は起こらなかったのと同じように、大砲の射線からの煙が消えたように、彼の砲撃の火力がすぐに消えたように、彼はすぐに消えました。

ハワード・ヒューズは今では刺激的な異端者のように見えるかもしれないが、常に満足していたわけではない。死の間際、ヒューズ氏の側近の一人はヒューズ氏を慰めようとした、「あなたは何という素晴らしい人生を送ってきたのでしょう」と彼らは言った。この褒め言葉に対して、ヒューズは典型的なやり方で返答した。明らかにその時が来た人の悲しい確信とともに。もし人生で彼と入れ替わった人がいたら、彼はこう言った。「もしこれが私と違う週だったら、おそらく元に戻ろうとするだろう。」

私たちは彼らの足跡をたどる必要はありません。その代わりに、私たちは不名誉な、悲劇的でさえある結末を避けるためにどのような決断を下さなければならないかを理解しています。それは、飲酒を守ること、強欲と被害妄想を拒否すること、謙虚さを保つこと、社会全体とのつながりを保つこと、より大きな世界の問題とつながることなどです。

しかし、繁栄はそれ自体を保証するものではありません。生命はさまざまな方法で私たちに対して共謀し、自然はすべてを自然な平衡状態に戻そうとします。スポーツもそのような分野の１つです。勝利したシーズンの後はスケジュールが厳しくなり、成功していないチームはより良いドラフト指名権を獲得します。サラリーキャップの下では、チームを団結させることがさらに難しくなります。社会が義務を追加するにつれて、税金は収入に応じて増加します。メディアは以前に取り上げた人々を非難し、ゴシップは名声の代償となる。彼は酔っている。彼女は同性愛者です。彼女が彼女に敵対する一方で、彼は偽善的に彼女の活動をサポートします。群衆は勝者に対して敗者を同様に支持し、時には両方に従うのではなく、真の勝者を奨励する不平等な交換を生み出します。

人生は真実の現実に満ちています。誰がそれらを否定する余裕があるでしょうか？
権力のせいで私たちを自堕落な愚か者にし、自分が持っているものを当然のものと考えるのではなく、逆境、困難、失敗など、避けられない人生の変化に備えて計画を立てることに時間とエネルギーの一部を捧げたほうが賢明でしょう。

逆転と退行はライフサイクルの不可欠な部分です。

しかし、それもなんとかできます。

第24章: 失敗

現在のモデルが十分に早く適応しない場合、企業にとって破綻は差し迫っています。

ここで私たちは、どんな旅にも必ず伴う試練を経験していることに気づきます。おそらく私たちは失敗したか、私たちの目標を達成するのが予想よりも難しかったことが判明しました。最初の試みで永続的に成功する人はいません。途中で挫折が起こる。エゴは私たちをこうした状況に備えることができず、そもそもそれが原因となってしまうこともあります。これらの挫折から再び立ち上がるためには、自己や他人を憐れむのではなく、方向転換と自己認識の向上が必要です。立ち直るためには、どちらの側からのいかなる形の自己憐憫よりも、目的、落ち着き、忍耐が必要です。

人々は悲しみよりも喜びに深く共感する傾向があるため、人々が自分の貧困を認めるよりも自分の富を誇示することを好む理由は理解できます。私たちが一人で負っている重荷をよく知っているにもかかわらず、全人類の前で苦悩を表明せざるを得なくなることほど落胆することはありません。

キャサリン・グラハムは、人生の前半の大部分を人生のあらゆる側面にさらされて過ごしました。彼女の父親ユージン・マイヤーは、株式取引を通じて富を築いた専門の金融投資家でした。一方、彼女の母親のヘレン・マイヤーは美しく知的な社交界の名手でした。キャサリンは、シカゴのこのエリート学校の 3 人の子供のうちの 1 人になる前に、これらすべてを目撃しました。その結果、キャサリンは大人になるにつれて、自分の周りで起こっていることの多くを吸収しました。

キャサリンには、一流の学校と教師、彼女を快適に保つ使用人がいる大きな家、そして彼女のニーズに応えてくれるメイドなど、すべてがありました。

1933 年、キャサリン グラハムの父親はワシントン ポスト新聞を購入しました。当時は苦労していましたが、重要な新聞でした。その後、彼はその新聞を再建し始めました。キャサリンもそれに興味を持ち、最終的に彼女が年をとったときにそれを引き継ぎ、その後、同様に印象的な夫であるフィリップ・グラハムに経営を引き継ぎました。

間違いなく、それは気楽な人生でした。彼女の言葉によれば、彼女は夫（と両親）の凧の尻尾になれることに満足していたという。

フィル・グレアムはすぐに態度を変え、彼の行動はますます手に負えなくなった。彼は大酒を飲み始め、彼らには金銭的余裕がない危険なビジネス上の決定を下し、不倫に関与し、知り合い全員の前で公の場で妻を辱め、友人たちの前で公の場で妻を辱めました...残念ながら違います;フィルは重度の精神的衰弱に苦しんでおり、キャサリンは治療しようとしたが、最終的には彼女が隣で昼寝している間に狩猟用ライフルで自ら命を絶った。

キャサリン・グラハムは、これまでの職歴やその職への準備がなかったにもかかわらず、46歳でワシントン・ポスト社のリーダーに抜擢された。キャサリンはもともと準備ができておらず、臆病な性格だったが、それでも、ある程度の困難と技術を駆使して物事を進めることに成功したことが証明された。

悲劇的ではありましたが、グラハムの出来事は前例のない災害ではありませんでした。これらすべてにもかかわらず、彼女は裕福で白人であり、特権を与えられ続けた。しかし、これらの出来事は、グラハムが人生でもたらすものと期待していたものではありませんでした。失敗は相対的であり、私たち一人一人にとって固有のものです。人生では、私たちが予期していなかった方法で私たちの計画がうまくいくことがよくあります。時には一度、または複数回です。

金融哲学者で経済学者のジョージ・グッドマンがかつて観察したように、金融市場はしばしば各グラスから輝くシャンパンと夏の空気を満たす柔らかな笑い声で満たされた絶妙な舞踏会のように感じられることがあります。私たちは今にも、黒騎兵がテラスのドアを勢いよく突き破り、大混乱を引き起こし、立っている人々を四散させるだろうということを知っています。早めに出発する人は安全です。しかし、まだ時間があるのに出発しようとする人は誰もいません。そのため、誰もが「今何時ですか？ しかし、どの時計にも針がありません。」という質問を引き起こします。

彼は経済危機について話していましたが、彼の言葉は私たちの生活全般にも同じように簡単に当てはまります。何か大きな目標を達成したり、ついにその成果を実感したりするなど、すべてがうまくいっているように思えます。運命が介入するまでは。成功が私たちのエゴを酔わせた場合、失敗は壊滅的なものになる可能性があり、転倒や小さなトラブルが制御不能に陥る可能性があります。私たちのエゴが夢を達成する邪魔になったとしたら。

失敗は、単なる成功の不快な副産物以上のものになる可能性があります。それは致命的になることさえあります。

それらを指すラベルに関係なく、問題にはあらゆる形や大きさがあります。妨害行為や不公平、試練や悲劇、そして日常生活の中で耐えなければならない試練に至るまでです。それは決して簡単なことではなく、時には私たちをよろめかせることもありますが、他の人はもっと立ち直れるように見えますが、関係なく、各人がこの試練に耐えなければなりません。

この運命は、5000年前にギルガメッシュのために書かれたのと同じように、私たちにも書かれています。

前線がどこにあるのか全く分からないまま、未知なる戦いに挑まなければならない。

彼は未知のルートを走ります。

キャサリン・グラハムはすぐに気づきました。この新聞の入手は、ほぼ 20 年にわたる困難で苦痛な経験の連続の始まりに過ぎませんでした。

トーマス・ペインは、ジョージ・ワシントンについて議論する中で、ある種の心の中には、些細なことでは打ち破ることのできない固有の硬直性が存在するが、ひとたびそのような不動性から解放されると、巨大な不屈の精神を生み出すということを指摘した。それはグラハムが確かに持っているものであるように思われる。

グラハムは新しい指導的立場に就いたとき、保守的な取締役会が障害であることにすぐに気づきました。彼らは恩着せがましく、リスクを回避していました。これが会社の進歩を妨げていました。成功するために、グラハムはこれまでのように周囲に従うのではなく、自分の意見を見つけなければなりません。最終的に、彼女が新しい編集長を必要としていることが明らかになりました。彼らのアドバイスに反して、グラハムは代わりに無名の若い成り上がり者を選んだ。この戦略は成功したことが証明されました。

グラハムさんは、裁判所の頒布禁止命令にも関わらずポスト紙の編集者が出版を望んでいた盗まれた政府文書の束を受け取ったとき、この状況がうまく終わらないことを悟った。グラハムさんは最終的に出版に同意する前に、弁護士に相談し、その後取締役会に相談した。全員が、IPO を危うくしたり、会社を今後何年にもわたって訴訟に巻き込まれる可能性があることを恐れて、それらを公開しないよう彼女に忠告した。しかし、アドバイスにもかかわらず、彼女は訴訟の危険を冒してそれらを出版することを決断した。これは歴史上前例のない前例のない決断だった。その直後、ポスト紙が匿名の情報筋を使って民主党全国委員会本部での強盗事件を捜査したことにより、ポスト紙はクリントン大統領とワシントンの強力なエリート層の両方と対立し、彼らが所有するテレビ局に必要なライセンスが危うくなる恐れがあった。ある時点で、ニクソンに忠実な司法長官ジョン・ミッチェルは、グラハムが手を伸ばしすぎて、彼女の「シジュウカラ」が「大きな太い絞り器に巻き込まれる」危険にさらされていると警告を発した。ある側近は、ホワイトハウスがグラハム氏の論文をさらに傷つける方法を検討していると自慢した。グラハムの立場になってみませんか。世界で最も強力な政府機関が、ポストに最も深刻な損害を与える方法について明確に戦略を立てているのですか？

グラハム氏は、1974年に積極的に株式を買い始めた投資家との交渉のために送り出されたが、敵対的買収の試みにつながる可能性があり、ポスト紙を危険にさらす恐れがあるとして取締役会メンバーを怖がらせた。グラハムはそれらに対処するための措置を講じました。翌年、彼女の新聞社の印刷労働組合が積極的なストライキを開始した。組合員らは「フィルは間違ったグラハムを撃った」と書かれたTシャツを着ていたこともあった。彼女はこれらの戦術には従わず、ストライキと真っ向から戦うことを決意した。それで彼らは戦って勝ちました。ある朝の午前4時に緊急の電話がかかってきた。労働組合の活動家たちが会社の機械に対して行動を起こし、無実の従業員を攻撃し、印刷機の1台に放火したというものだった。通常、印刷ストライキの際には、競合他社が物資を提供して他の新聞社を助けようとします。
グラハム氏の競合他社はこれを拒否し、ポスト紙は毎日30万ドルの広告収入を失った。

その後、数人の大手投資家がワシントン・ポスト社の見通しに対する信頼を失ったようで、保有していた株式を売却し始めた。グラハム氏は、以前に会った物言う投資家からの圧力を受けて、巨額の資金を投じて自社株を公開市場で買い戻すことを決意したが、これは当時としては前例のない危険な戦略だった。

グラハムはこれらすべての困難を粘り強く乗り越え、最終的には誰も予想できなかった前向きな結果をもたらしました。

キャサリン・グラハムの漏洩文書はペンタゴン・ペーパーズとして知られるようになり、ジャーナリズムを決定づける瞬間の一つとなった。彼らのウォーターゲート事件の報道はニクソン大統領のホワイトハウスを激怒させ、アメリカの歴史を永遠に変え、その崩壊を招いた。この論文はピューリッツァー賞も受賞した。多くの人が彼女の悪夢のような投資家だと信じていたのは、他でもないウォーレン・バフェットその人だったことが判明し、彼女のビジネスの指導者であるだけでなく、彼女の会社の巨大な擁護者および保護者となった（彼の投資は最終的に数百万の価値に変わる）。彼女は労働組合との交渉で勝利し、最終的にはストライキを終了し、主な競合他社（ザ・スター）を買収することでワシントンの2大新聞社のうちの1社となった。さらに、物議を醸した彼女の自社株買いは、市場の状況だけでなくビジネスの常識にも反して行われ、会社に数十億の利益をもたらしました。

グラハムは困難な時期、判断ミス、度重なる危機、失敗、攻撃を耐え抜きましたが、最終的には成功しました。1971年に彼女のポストのIPOに1ドルを投資していたら、1993年までに89ドルの価値があるでしょう。これに対し、彼女の業界では14ドル、S&Pでは5ドルでした。

ベアトリス・アモアコは、同世代で最も成功した女性 CEO の 1 人であり、初めてフォーチュン 500 企業を経営しただけでなく、史上最も偉大な CEO の 1 人としても知られています。

グラハムは幼少期に火の洗礼とも言えるものを経験しました。彼女は、対処する準備ができていなかった困難に直面しました。時には、すべての財産を売ったほうが彼女にとってより良いのではないかとさえ感じました。
グレアムは夫の自殺を引き起こしたわけではありませんが、彼なしで生きていくのは彼女の責任でした。誰もウォーターゲート事件やペンタゴン文書を求めなかったが、それらの爆発的な性質を乗り切るのは彼女に任された。80年代に他社が買収や合併を行った一方で、グラハムは追随しないことを決めた。ウォール街が同社を弱者扱いしたにもかかわらず、代わりに彼女は自分と自分の会社に倍増した。何度も彼女はもっと楽な道を選ぶことができたのに、代わりに困難な道を選んだのです。

あらゆる場面で失敗や挫折は存在します。ビル・ウォルシュは、「勝利への道は、ほとんどの場合、失敗と呼ばれる場所を通過することになる」と述べています。再び成功を取り戻すには、これらの困難な瞬間（または数年）に至った原因を理解する必要があります。また、何がうまくいかなかったのか、そしてなぜそうなったのかを理解する必要があります。また、それを乗り越えるために状況に効果的に対処し、プッシュ中に何が起こっているのかを受け入れる必要があります。を通して。グラハムは困難の多くを一人で経験し、盲目的に自分の進む道を模索していました。グレアムは、すべてを一人で孤独に乗り越え、最終的に自分の才能に気づきました。それは、彼女が持っていた適性で、困難を乗り越えるのに役立ちました。グラハムは、自分の中に自分の可能性を見出し始め、葛藤のほとんどを一人で過ごしていたにもかかわらず、完全に経験することはありませんでした。彼女の旅は、自分の進む道を盲目的に手探りし、未知の力に直面したときに経験を押し進めたとき、彼女が一人で旅を試みることから始まりました。彼女自身は自分の才能を探し求めていて、自分の強みや能力について何も知りませんでした。グラハムはこれを一人で行い、困難に直面したときに放っておかれる。彼女は頼れる人がほとんど、あるいは誰もおらず、ゆっくりと自分の道を進んでいる一方で、成功に向けて自分なりの方法を試しながら、自分の中で孤独に苦しみながらも、ある日、旅が始まるまで突き進み始めました。一歩ずつ前進し、最終的には自分一人でそれらを乗り越える旅を見つけ、最終的には前に進むことができました...その時だけ、グラハム自身の努力で、盲目的にやり遂げました。グラハムの旅は孤独であり、前に進む必要があると感じました。グラハムの指示はただ見つけ出すだけです。彼女は盲目的に自分と同じように感じながらも、一人旅で孤独を感じていました。多くの場合、盲目的に自分自身の個人的な旅を一人で試み、最終的にソロで孤独であることに気づきました。グラハムは自分のやり方を感じた。彼女は盲目的に自分のやり方を手探りしていた。グラハムの旅。彼女は盲目的に、自分だけが前に進んでいると感じていました... グラハム。

エリンさんは、自分がこんな状況に陥るとは予想していなかった、予想外に複雑な状況に陥り、答えを探し続けました。彼女の話は、たとえ私たちが最善を尽くし、倫理的に行動したとしても、人生は依然として私たちから遠ざかり、予期せぬ変化球を投げかけてくる可能性があることを示しています。方法。

失敗は、壮大なエゴを持って自らそれを追求した人に訪れると人々はよく考えています。ニクソンは失脚して当然だった。グラハムがやったのか？ただし、悪い人は失敗するように自分自身を設定することができます（または他の人が失敗する）が、良い人もしばしば内部または外部からの失敗を経験します。そして、人生は多くの場合、すべての人を平等に扱うわけではありません。それがあなたにとっての人生なのです。

エゴは何かが公平であるべきか不公平であるべきかというこの考えを楽しんでおり、心理学者はこの現象を「ナルシシスティックな傷害」と呼んでいます。自分自身に関係のない出来事を個人的に客観的に捉えるとき、たとえば、自分の自意識が脆弱で、常に自分の思い通りに進む人生に依存しているとき、問題が自分の責任であるかどうかに関係なく。今重要なのは、現在の葛藤にどう対処するかです。グラハムは彼女の失敗の原因ではありませんでしたが、もし彼女に失敗があったとしたら、将来の成功は二度と起こらなかったかもしれません。失敗は招かれずにやってくることがよくありますが、私たちのあまりに多くの人が失敗をエゴのせいで放置し、必要以上に長く失敗を抱え続けてしまいます。

この混乱の間、グラハムは何を必要としていたのでしょうか?彼女に必要なのは傲慢さではなく強さだった。彼女には、自分自身のためではなく、家族の遺産に奉仕し、新聞を守り、仕事をうまくこなすために、善悪、目的、義務についての内なる感覚とともに、優雅に困難に耐える自信と意欲が必要でした。

あなたはどうですか？物事が困難になったとき、あなたのエゴは邪魔になりますか、それともエゴなしで前進できますか？

困難、特に公的な困難（疑惑、スキャンダル、喪失）に直面すると、私たちの友人であるエゴは完全に姿を現します。
否定的なフィードバックを想定すると、私たちのエゴはこう言います:あなたにはそれができないことはわかっていたのに、なぜあなたはそれを試みようとしたのですか？私たちは他人から、あるいは自分自身から、進歩しないようにというプレッシャーを感じるかもしれませんが、エゴはそのようなことに我慢すべきではないと言い、私たちが解決策ではなく問題の一部である可能性があることを示しています。

つまり、あなたが受けるあらゆる怪我は、それ自体の症状を悪化させ、より多くの自傷行為を引き起こすのです。

エピクロスは、ナルシシズムに傾く人々は「城壁のない都市」に住んでおり、脆弱な自意識が常に脅威にさらされ、訓練されたアンテナがあなたの壊れやすい平衡感覚を脅かす信号で常に攻撃しているため、幻想や成果が防御機構として機能しなくなっていると書いています。。

貧しい生活は住みにくく、持続不可能です。

あらゆる変化と努力を費やした後での彼の失望を想像できますか?前任の無能なコーチから引き継いだ後、ヘッドコーチ兼GMとしての最初の年は2勝14敗に終わっただけですか？私たちのほとんどは誰かのせいにするでしょう！

ウォルシュは、状況が他の場所で変化しているという証拠が必要であると認識していました。彼にとってこれは、ゲームがどのようにプレイされているか、適切な決定が下され、組織内で変更が実施されているかを観察することを意味しました。2シーズン後、彼らはスーパーボウルで初優勝を果たした。その2シーズン後にさらなる勝利がもたらされました。どん底ではそれらは遠くに見えたに違いないので、あなたは過去とスルーを見ることができなければなりません。

ゲーテは、人が犯し得る最大の間違いの一つは、自分自身を同等のレベルで過小評価しながら、自分自身を実際以上のものとして認識することであると指摘しました。キャサリン・グラハムがこの概念を実証した方法の１つは、1977 年から1988 年にかけて CBGB を率いていた際の自社株買いでした。自社株買いは成長の停滞や衰退を経験している企業からのものであることが多く、そのため市場評価に反する信じられないような発言として行われるため、自社株買いは物議を醸す可能性があります。つまり、会社の資金を使わなければならないということは、私たちの判断を大幅に誤っており、私たちの将来がどこにあるのかについての洞察が明らかに欠けているということです。彼らを説得するというこの賭けに。

不誠実で利己的な CEO は、株価を人為的に上げるために会社の株式を購入することがよくありますが、気の弱い CEO や弱気な CEO は、自分自身に賭けようとは決して考えません。グラハムは賢明な価値判断を下しました。バフェットの助けがあれば、彼女はリターンを評価することができた。
キャサリン・グラハムは、市場が彼女の会社の資産の真の価値を認識していないことを客観的に認識しました。彼女は、評判のヒット、学習曲線、株価の下落がすべて株価の抑制に寄与し、それが彼女の個人資産を減少させ、会社に大きな機会をもたらしたことを知っていました。短期間のうちに、キャサリン・グラハムは株式の 40% 近くを、その後の価値の数分の 1 で取得することになります。彼女が約 20 ドルで購入した 1 株は、10 年も経たないうちに最終的には 300 ドル以上の価値になるのです。

グラハムとウォルシュは、周囲の人々が認識された失敗や弱さの兆候に注目している間に、自分たちの進歩を測定および評価できる内部指標を採用しました。

これは困難な時に私たちを導くものです。

あなたの夢の家、仕事、チャンスがあなたの指をすり抜けてしまうかもしれません。明日でも、25 年後でも、2 分後でも、10 年後でも、他の人たちと同じように、誰かがあなたよりも高い値段で入札するかもしれません。失敗や逆境は人生の一部です。だからと言って免除されるわけではありません。誰もが彼らに直面します。

プルタルコスが雄弁に述べたように、未来はあらゆる未知のリスクとともに私たち一人一人の前に立ちはだかります。私たちの唯一の手段は、それに正面から立ち向かうことだ。」

謙虚で強い人は、エゴイストのように困難に伴う苦しみに悩まされることはありません。苦情も焼身自殺もはるかに少ない。代わりに、他人からの絶え間ない検証を必要とせずに、よりうまく対処できるストイックな回復力があります。同情する必要もありません。彼らのアイデンティティは彼らを脅かすものではないので、彼らの回復力により、アイデンティティがなくても問題なくやっていくことができます。

この目標を達成することは、単なる成功をはるかに超えています。重要なのは、人生で困難に直面したときにすぐに適応できることです。

私たちはいかに耐え忍ぶか。

第25章: 生きるか死ぬか!

時間を無駄にせずに生きる。（決して無駄にしないでください。）

--パリの政治スローガン

マルコム X はかつては犯罪者でしたが、現在のマルコム X という名前ではありませんでした。代わりに、当時彼らは彼をデトロイト レッドと呼び、デトロイトやその他の場所で何らかのつながりを持つ機会犯罪者として活動していました。

彼はあらゆることに手を出し、麻薬の販売、ポン引きとして働いた後、自分の強盗団と武装強盗に手を染め、威圧と大胆さの両方を支配の手段として鉄拳で実行した。自分自身を殺すことや死ぬことを恐れていません。

ついに彼は盗んだ高価な時計を売ろうとして逮捕されたが、その時銃を所持していた。しかし、彼の名誉のために言っておきますが、彼は自分を捕らえている人々に対して何も動かず、彼らを撃退しませんでした。彼のアパートの中には宝石、毛皮、銃器、そしてあらゆる強盗道具があった。

彼はその罪で懲役10年を言い渡された。それは1946年2月、マルコムXは21歳になったばかりだった。当時の組織的な法的不正義を考慮しても、マルコム X は有罪でした。彼は懲役刑を受けるに値した。

もし彼が犯罪の道を続けていたら、彼が他に誰を傷つけたり殺したりしていたかは誰にも分からない。

自分の行為が長期の懲役刑に処せられるときは、それが裁判や有罪判決にかかわらず、何かがひどく間違っていることを意味します。マルコムの場合のように、あなた自身が失敗しただけでなく、社会も失敗しました。

彼はほぼ10年間を刑務所の中で過ごしていた。今、彼はそこにいた、他に居場所のない、単なる別の番号だった。

ロバート・グリーン (彼の著書は後に多くの連邦刑務所で発禁処分となる) は、「生きている時間か死んでいるか」シナリオという慣用句を生み出しました。この7年間はどのように展開し、マルコムはそれをどう判断するでしょうか?
グリーンは、人生は 2 つの形式の時間で構成されていると主張します。1 つはデッドタイム (人々が受動的に待っているとき)、もう 1 つは生きた時間であり、学習、行動、そして私たちが利用できるすべての秒を活用することが含まれます。私たちが積極的に選択したり制御したりする責任がないあらゆる失敗や状況は、私たちの生活にライブタイムかデッドタイムが入り込む機会を与えてくれます。

どれになるでしょうか？
マルコムは生きている時間を選んだ。彼は学習し、宗教を探求し、刑務所の図書館から鉛筆と辞書を借りて独学で読み方を学び始めました。最初から最後まで読んだだけでなく、新しい単語を最初から最後まで手書きで書き写しました。1ページ目から2表紙まで手書きで。今まで存在しなかった言葉が突然彼の脳裏に入ってきた！

彼は後に「それから刑務所を出るまで、図書館でも寝床でも、空いた時間はすべて読書に費やした。歴史、社会学、宗教、そしてカントやスピノザなどの哲学者の古典作品を読んだ。」と語った。記者に彼の母校は何かと尋ねられたとき、彼の答えは単純だった：本——刑務所は彼にとって新しい世界を開いたページを読むことで監禁を超越した彼の大学となった——意志に反して拘留されることなど考えもせずに数か月が経過した。彼の人生は本当に自由だと感じていました。」

マルコム X が刑務所を出た後に何をしたかはほとんどの人が知っていますが、その変革が刑務所自体によってどのように可能になったか、つまり刑務所の受容、謙虚さ、強さの文化がどのように役割を果たしたかを知っている人はほとんどいません。さらに、そのような話が歴史の中にたくさんあることを知っている人はほとんどいません。懲役刑、追放、弱気市場/恐慌/徴兵制/さらには強制収容所などの一見悲惨な状況を、それに対するアプローチやアプローチを変えることで偉大さへの糧として考慮に入れていた人物たちです。態度や他の方法。

フランシス・スコット・キーは、1812年の米英戦争中の交換船で捕虜となった際にアメリカ国歌となった曲を作曲した。ヴィクトール・フランクルは、ナチスの3つの強制収容所での試練の間に、意味と苦しみについての理論を洗練させた。

ただし、このような悲惨な状況に常にチャンスが訪れるわけではありません。著者のイアン・フレミングは、ベッド上で安静にしているときにインスピレーションを得て、医師の命令によりタイピングを禁止され（別のボンド小説を書くよう促されるのではないかと心配したため）、代わりに手書きで『チキ・チキ・バン・バン』を作成した。ウォルト・ディズニーは、転倒して足首を骨折する重傷を負いながら、漫画家になることを決意しました。
確かに、その瞬間は、怒り、悲しみ、憂鬱になるほうが楽かもしれません。しかし、このアプローチは近視眼的な解決策を生み出すだけです。不正や気まぐれな運命が誰かに課せられたとき、一般的な反応は、反撃したり、「これは嫌だ。代わりに______が欲しい！」と叫んで抵抗することです。残念ながら、このアプローチは長期的な解決策を生み出すのではなく、短期的な解決策を生み出します。

対処を先延ばしにしてきた問題やシステム的な問題、あるいは取り組むのが難しすぎると思われる懸念事項について考えてみましょう。無駄な時間を、やるべきことを行う機会として利用すると生産的になります。

一般的な考えによれば、この瞬間があなたが誰であるかを定義するものではありません。しかし、どうやって使うのでしょう？

マルコムは刑務所に送られた人生を送り続けることもできたかもしれない。無駄な時間は必ずしも無関心や怠惰とイコールではありません。マルコムは、まだデッドタイムとみなされていたであろうその年月を、自分自身をより優れた犯罪者にすること、人脈を開拓すること、または別の得点を計画することに費やすことができたでしょう。ゆっくりと自殺しながらでも、やりがいを感じたかもしれない。

ロバート・グリーンは、刑務所から真剣な思想家が輩出されていると指摘したのは有名である。ロバート・グリーン自身もその一人です。しかし、残念なことに、刑務所は、文字通りの形でも比喩的な形でも、はるかに多くの堕落者、敗者、そして成績優秀者を生み出してきませんでした。受刑者は考える以外に何もすることがなかったかもしれないが、彼らが思考を集中させる傾向があったことが、受刑者を良くするどころか悪くしたのである。

それはまさに、私たちの多くが、何かがうまくいかなかったり、困難に陥ったりしたときにすることです。なぜそれが起こったのかを考える代わりに、私たちのエネルギーは、そもそも私たちをこの道に導いた行動パターンの繰り返しに再投資されます。

時々、私たちは白昼夢に閉じこもったり、復讐を計画したりするかもしれません。私たちは時々、自分の選択が本当の自分を反映しているという考えを避けることがあります。むしろ、それ以外のことは何でもしたいと考えています。

しかし、代わりに、「これは私にとってチャンスだ。これを無駄な時間にするのではなく、自分の目的のために利用するつもりだ」と考えたとします。

今、私たちは再び生きています。私たちのエゴに支配される時代はとっくに終わりました。人生があなたをどこへ連れて行ったかは誰にもわかりません。投獄されないことを祈ります！

行き詰まりを感じるかもしれませんが、何かを変えることは可能です。もしかしたら高校の補習授業かもしれない。もしかしたら保留中かもしれません。おそらくこの裁判上の別居。お金を貯めたり、契約や任務が終わるまでの間、スムージーを作るかもしれません。この状況は完全にあなたのせいかもしれませんし、単に不運のせいかもしれません。

人生には、しばしば私たちが無駄な時間に囚われてしまいます。その存在は私たちの制御を超えています。しかし、私たちがそれをどう使うかは確かにそうです。ダルイブッカー・T・ワシントンがかつて言った有名な言葉です。

第26章: 活動的な男の焦点は正しいことを行うことである

活動的な人の最大の関心事は、正しいことを行うことです。それが最終的に起こるかどうかは彼には関係ないはずだ。

--ゲーテ・ベリサリスは歴史上最も偉大な将軍の一人でしたが、まだ知られていませんでした。時間が経つにつれて、彼の名前は非常に曖昧になり、失われ、誰も彼の存在にさえ気づきませんでした。

マーシャル将軍は、マーシャル・プランのような、彼の名誉を冠して命名された計画で栄誉を与えられたことにより、さらに称賛に値する。

ベリサリウスは、ローマが崩壊し、帝国の本拠地がローマからコンスタンティノープルに移ったビザンティン皇帝ユスティニアヌスの統治下で、西洋文明を3度救った。その時代にキリスト教が低迷する中、彼は灯台として目立ちました。

ベリサリウスは、ダラ、カルタゴ、ナポリ、シチリア島、コンスタンティノープルで、皇帝が退位を考えるほど暴力的になった反乱に対して、数万人の群衆に対しても、わずか数人のボディーガードで驚くべき勝利を収めました。人手不足で資源が不足している失われた領土を取り戻す。40歳になる前に野蛮人がローマを蹂躙して以来、初めてローマを奪還し、防衛したのです！これらすべては彼の40歳の誕生日の前に起こったのだ！

彼の感謝は？公の勝利ではありません。その代わりに、ユスティニアヌスは何度も彼を疑惑の対象にし、愚かな条約や悪意のある協定によってベリサリウスの勝利と犠牲の多くを台無しにした。ユスティニアヌス帝はベリサリウスの信用を傷つけるためにプロコピウスをベリサリウスに対して利用したことさえあり、後に指揮を放棄して王立厩舎の司令官という侮辱的な称号だけを与えた（これが後にベリサリウスを失明させ、路上で生き残るための物乞いを強いられることになった！）。その結末では、ベリサリウスは間違いなく盲目になるだろう。さらに別の情報源は、その結論として、最終的に首を切り、盲目にされ、生き残るために強制的に物乞いをする前に、失明が行われたと述べています。
歴史家、学者、芸術家たちは何世紀にもわたって、この偉大で注目に値する人物のこの扱いについて嘆き、議論してきました。当然のことながら、彼らは多くの人が彼に対する恩知らず、不親切、不当とみなしていることに激怒しています。

人生の最中や人生の終わりに起こった何かについて、その時もその後も、誰も文句を言いません。私的な手紙でも。ベリサリウス本人以外は誰も声を上げません！

皮肉なことに、ベリサリウスには権力を掌握する機会が何度もあったのに、そうすることを考えもしなかったのかもしれない。ユスティニアヌス帝は絶対的な権力に関連したあらゆる悪徳——支配力、妄想癖、利己主義、貪欲——の餌食となったが、ベリサリウスにはこれらの特徴がほとんど見られない。

彼は自分の仕事、つまり神聖な義務であると考えている仕事をただ遂行しているだけであり、それで十分だと信じていた。

人生には時折、変化球が投げかけられることがあります。最善の努力が実らず、失敗、軽蔑、嫉妬、または単に周囲全員から無視されるという結果になる場合です。

何が私たちを動機づけるかによっては、その反応は非常に残念なものになるかもしれません。私たちのエゴが定着したときは、全面的に賞賛するだけで十分です。

本であれ、ビジネスであれ、その他のプロジェクトであれ、誰かがプロジェクトに取り組むとき、ある時点でその創作物はその人の手を離れて社会の一部となり、他の人々による評価、受け取り、行動の対象となるため、その態度は危険です。もはや彼の直接の支配下にはなく、存続のために彼らに依存しています。

ベリサリウスには、戦いに勝ち、兵士を率い、個人の倫理を定める能力があったが、自分の仕事が評価されるか疑惑を招くかを真にコントロールすることは決してできず、また、堂々たる独裁者がこれを利用したとしても彼にできることは何もなかった。そして彼を厳しく扱いました。

この現実は、あらゆるタイプの人生に当てはまります。ベリサリウスを際立たせたのは、この取引を彼が受け入れたことです。正しいことをすることがすべてを意味するのです。国、神、義務に忠実に仕えることだけが彼の唯一の目的でした。どんな困難も許容され、報酬は特別なボーナスと考えられていました。

私たちとは異なり、彼の努力は報われず、罰せられることさえあったため、これは重要でした。最初は腹立たしいかもしれませんが、もしこれが自分や知人に起こったら、私たちが経験するであろう憤りの感情は理解できます。しかし、彼には別の選択肢があったのだろうか、それとも代わりに間違ったことをすべきだったのだろうか？

個々の目標を追求する個人として、私たちは皆、同様の困難に直面します。

消えてしまうかもしれないもののために、私たちは一生懸命働きますか？結果が保証されなくても努力はできるでしょうか？適切な動機があれば、ほとんどの人は進んで進んでいきますが、誇りを持って行動するとそうではありません。

人間として、私たちの仕事や努力に対して人々がどのように反応するかを制御できるのは限られています。他者の評価、評価、報酬は、私たちの優しさ、勤勉、製品開発の努力に報いる場合もあれば、そうでない場合もあります。では、私たちは何をすべきでしょうか。親切ではありますが、見返りがないかもしれないので努力はしないでください。まだ希望を捨てないでください。互恵関係はないかもしれないので、とにかく親切にして、一生懸命働いてください。来て。

主な指標として、その貢献が社会によって認識されていないすべての活動家、指導者、発明者を考慮してください。活動家ができることには限界があり、指導者は時期尚早に暗殺され、まだ実現していないアイデアが「時代を先取りして」実現される可能性がある。しかし、これらの指標によると、これらの人々は自分の仕事に対して決して報酬を受けていないのに、そもそもなぜ彼らはわざわざそのような仕事をしたのでしょうか？彼らの仕事は他の場所に移されるべきではなかったでしょうか？

私たちは誰しも、一度はそうしたことを考えたことがあるでしょう。

それは困難な時期に耐えるのにどのように役立ちますか？自分が時代の先を行っていることに気づいたり、市場が誰も理解できないクレイジーなトレンドを支持していることに気づいたらどうしますか？あなたが物事を説明しようとしたら、上司や顧客はどう思うでしょうか？

良い仕事をすれば十分なはずです。言い換えれば、結果に執着すべきではないということです。自分自身の基準を満たすことは誇りと自尊心をもたらします。努力自体は十分なはずです。

エゴには認識と補償が必要です。しかし、残念なことに、それが起こると、私たちは賞賛と報酬が常に連動していることを期待するようになるため、しばしば問題を引き起こし、それがしばしば「期待の二日酔い」を引き起こします。

アレキサンダー大王は、有名なキュニコス派の哲学者ディオゲネスと予期せぬ出会いをしました。伝えられるところによると、アレクサンダーは、夏のそよ風を楽しみながら横たわっているディオゲネスに近づき、自分の力でこの比較的貧しい男に何ができるのか、もしかしたら何でもできるのではないかと尋ねました。ディオゲネスは何か他のことが必要だったか、単にアレクサンダーの多くの功績の一つとして自分の名前が言及されることを望んでいたのかもしれません。「私の太陽を遮るのはやめてください。」2000年経った今でも、アレクサンダーを襲ったに違いない彼のみぞおちのどこに衝撃を与えたのかを感じることができます。ロバート・ルイス・スティーブンソンは後にこの出会いについて次のように述べている。「人類が自分たちの努力を無視するだけで、困難を乗り越えるのは痛ましいほどに意気消沈することだ。」

さて、準備をしてください。それは起こるでしょう。もしかしたら、あなたの両親はあなたのやっていることを評価しないかもしれません。おそらくあなたのガールフレンドは気にしないでしょう。投資家はあなたの数字を見ていないかもしれません。おそらく聴衆は拍手をしないだろう。それでも、私たちは皆、乗り越える方法を見つけなければなりません。その失敗が私たちのやる気を失わせることを許すことはできません。
ベリサリウスには、無実が証明され名誉が回復されたとき、帝国を救う最後のチャンスがあった。高齢になっても救世主となるのにちょうど間に合った。

しかし、人生はそのようにはなりません。彼は何度も皇帝に対して陰謀を企てたという不当な疑いをかけられました。ロングフェローは、貧乏で身体障害を負いながらもなんとか明るい雰囲気で終焉を迎えた哀れな将軍について、人生の終わりに次のような有名な詩を書きました。

まだなんとかなるだろうと思っています。これも耐えられる；私はまだ希望を持っている。

私はベリサリウスですか！あなたの努力は評価されないでしょう。予期せぬ挫折もあるでしょう。あなたの期待は満たされないでしょう。そして最終的には負けて失敗することになります。

ジョン・ウッデンは、自分自身を含む選手たちに、成功の定義を変えるようアドバイスした。それを「できる限り偉大な個人になろうと一生懸命努力したことを知ることから得られる心の平安」に変えるようにアドバイスした。マルクス・アウレリウスは、野心は幸福を外部の出来事と結びつけていると自分に言い聞かせました。一方、正気とは自分の行動に責任を持つことを意味します。

仕事をして、うまくやってください。それが完了したら、ただ降伏して神の魔法の働きを許してください。必要なのはそれだけです！

評価や報酬は単なるボーナスです。いかなる拒否反応も私たち個人に降りかかるべきではありません。

ジョン・ケネディ・ツールの画期的な作品『劣等生の連合』は当初、すべての出版社から拒否され、そのことが彼をひどく打ちのめし、ミシシッピ州ビロクシ近くの空き道で命を絶った。しかし、この出来事の後、彼の母親がこの本を発見し、出版を提唱し、最終的にはピューリッツァー賞を受賞しました。

それについて少し考えてみてください。これらの提出の間に何も変化はありませんでした。トゥールの本は、出版されて賞を獲得するためにコピーを販売したときと同様に、原稿の形でも同様に素晴らしいものでした。もし彼がこのことにもっと早く気づいていたら、それほどの心の痛みを避けられたかもしれない。残念ながら、休憩の多さがいかに恣意的であるかは人生の証です。

何かが私たちにとって価値があるかどうかを外部の力が決定するべきではありません。その決定は私たちにのみ委ねられます。
私たちの世界は、人間が何を望んでいるのか、何を必要としているのかなど気にしません。もし私たちが望んで必要とし続けると、そのとき初めて私たちは失望、あるいはさらに悪いことに陥ることになります。

この作業は一人で行うだけで十分です。

第27章: ファイトクラブの瞬間

真実には抑えられない力があります。埋められたままにしておくと、爆発的な力を集めることができ、それがいつか出現して大混乱を引き起こす可能性があります。

このスペースには、最高の成功を収めたすべての成功者をリストする余地はありませんが、人生のあらゆる瞬間が、深い変革と人生を変える経験をもたらす可能性があります。

決まり文句ではありますが、だからといってその正当性が否定されるわけではありません。

JKローリングさんは、大学を卒業して7年目にして、結婚生活がうまくいかず、仕事の機会がなく、ホームレスになる恐れのある子育ての困難に直面していることに気づきました。10代のチャーリー・パーカーは、ジョー・ジョーンズが彼にシンバルを投げ、屈辱的に彼をステージから追い出すまで、自分がステージでロックしていると信じていた。リンドン・ジョンソンは、ヒルカントリーの農家の少年に少女のことでひどく殴られていることに気づきました。「散歩の王様」のイメージを打ち砕いた。

どん底に陥るまでにはさまざまな道があります。ほとんどの人は最終的にはそうなります。

『ファイト・クラブ』では、ジャックのアパートが爆発で破壊され、彼が切望していた「すべての家具」を含む彼の所有物がすべて破壊されたと描写されています。その後、ジャック自身がこの爆発を指揮したことが判明しました。ジャックを悲しい昏迷から目覚めさせ、その影響に対する行動を促すために、自分の中の複数の人格が「タイラー・ダーデン」に計画を依頼した。最終的には彼を人生の予期せぬ暗い道に導きます。

ギリシャ神話の登場人物は、カタバシス、つまり「衰退」として知られる現象を頻繁に経験します。退却や憂鬱に追い込まれたり、あるいは物理的に冥府そのものに落ち込んだりした登場人物は、この経験を経験する前よりも深い知識と理解を備えて現れるかもしれません。

今日、私たちはそのような状況を地獄と呼んでいますが、私たちの多くは時々そこで時間を過ごしていることに気づきます。
私たちは人間として、何が幸せをもたらすのか、何が人生に重要なのかについて、気を散らすものや嘘で自分自身を取り囲む傾向があります。時間が経つにつれて、私たちはなってはいけない人間になり、破壊的でひどい行動に従事し、それが硬化して自我由来の硬化した状態になり、カタバシスが私たちにそれらと正面から向き合うことを強いるまで、ほぼ永続的になります。

デュリス・デュラ・フラングール。硬いものは硬いものによって壊れる。

あなたのエゴが増大するにつれて、そのエゴも減少していきます。

このようにならなくてもよいのであれば、素晴らしいことでしょう。友人や指導者からの優しい励ましによって、自分のやり方を正す方向に簡単に導かれることができれば。静かに思い出させるだけで幻想を払拭できるのであれば。あるいは、エゴの回避が外部からの助けなしで起こり得るとしたら。ウィリアム・A・サットン牧師が約120年前に述べたように、残念ながらそうではありません。屈辱を直接経験することなしには謙虚になることはできません。そのような経験がなければどんなに良いでしょうが、目の見えない人が見えるようにするためには必要な場合もあります。

人生の重大な変化は、多くの場合、私たちが完全にひっくり返る瞬間、つまり、世界について私たちが知っていると思っていたすべてが完全に間違っていたことになる瞬間から起こります。これらは「ファイトクラブの瞬間」と呼ぶことができます。それらは自分自身で引き起こされる場合もあれば、他の誰かが私たちに行う場合もあります。いずれにせよ、それらは私たちがこれまで行うことを躊躇していた変化の触媒として機能します。

あなたの人生の出来事、あるいはおそらくあなたが現在経験している出来事を選択してください。全スタッフの前での上司の軽蔑的な批判。大切な人との座談。書かれないことを期待していた記事を配信した Google アラート。債権者からの予期せぬ電話で、あなたは唖然として言葉を失いました

このような瞬間、休憩によってこれまで見落としていたことが明らかになったとき、それはあなたに真実と呼ばれるものと対峙することを強い、もはやその視線から隠れたり、そうでないふりをしたりすることはできません。

この種のイベントでは、次のようないくつかの疑問が生じます。この状況をどう理解すればよいでしょうか?そして、どう答えればいいのでしょうか？

私の歩みは前に進んでいるのか、それとも上に進んでいるのか?もう終わりに達しましたか、それともまだ続きますか?

誰かが私の問題を特定しました。では、どうすればそれらに対処でき、なぜこのようなことが起こったのかを理解できるでしょうか?

どうしてこのようなことが再発しないのでしょうか？

歴史は、これらの出来事が 3 つの特徴を共有しているように見えることを示しています。

1. これらの死は通常、外部の力または人によるものです。

2. 彼らは、私たちが自分自身についてすでに知っていたが、認めるほど勇気がなかったことをしばしば明らかにしました。

3. 破滅からは大きな進歩と改善の機会が訪れる可能性がありますが、誰もがその可能性を最大限に活用しているわけではありません。エゴは、自分自身を改善しようとするその後の試みを妨げる前に、私たちを最初にクラッシュさせることがよくあります。

2008 年の金融危機は多くの人にとって目を見張るような瞬間ではなかったでしょうか?責任の問題、過剰なレバレッジを利かせたライフスタイル、貪欲な慣行と不誠実な慣行はすべて、痛ましいほどに明らかになりました。うまく反応した人もいれば、元の状態に戻った人、あるいはさらにひどい人もいます。将来の危機は彼らにとって事態をさらに悪化させるだけだ。

ヘミングウェイ自身も、青年時代に深刻などん底を経験しました。これらの出来事から、後に『武器よさらば』に登場する時代を超越した知恵が生まれた。

世界はあなたに証拠を提示することはできますが、誰もあなたにそれを受け入れるよう強制することはできません。ほとんどの 12 ステップ グループは、自分のエゴを抑圧することに焦点を当てています。

本当の自分が誰なのかを知るために、権利、荷物、瓦礫を取り除きましょう。

難しい情報に直面すると、否定したくなることがあります。あなたのエゴは、自分にとって都合の悪いものを信じることを拒否し、あなたが気に入らないことが真実である可能性を拒否することがよくあります。

心理学者は、脅迫された利己主義によってもたらされる危険性を頻繁に指摘しています。「名誉」に疑問を投げかけられるギャングのメンバーから、排除され、恥をかかされたいじめっ子に至るまで。暴露された詐欺師。盗作者や粉飾者のストーリーがもう合わなくなっています。これらの状況はどれも悲惨な破壊的であることが判明する可能性があります。

これらは、追い詰められていると感じたときに近くに置くべき人々ではなく、また、あなたが身を置きたい状況でもありません。代わりに、「どうしてこの人たちは私をこのように扱うことができるのでしょうか？彼らは自分たちを何者だと思っているのでしょうか？」という疑問が生じます。そして「お金を払わせたい」という欲求が生じます。

時々、言われたことやされたことに耐えられないとき、私たちの反応は極端で危険なほど有害なもの、つまりエスカレーションになります。これは純粋で有毒なエゴの活動です。

ランス・アームストロングについて考えてみましょう。多くの人たちと同じように、彼も不正行為を犯しました。しかし、この行動が公になり、現実として彼に押し付けられると、事態は急速に悪循環に陥った。あらゆる証拠があるにもかかわらず、自分の不正行為を認める代わりに、彼は否認を主張し、彼が関わった他の命に取り返しのつかない害を与えた。これは、自分や他人の尊敬を失うことに対する私たちの集団的恐怖のほんの小さな一例にすぎず、それを回避するために何かをすることを私たちに検討させる可能性がある敬意の喪失 - そのような行為を考えるだけで、私たちを恐ろしい行為に駆り立てるほどの不安を引き起こす可能性があるほど -

ヨハネ 3章20節に「悪を行う者は、その行為が知られることを避けるために光を避けることが多い」とありますが、これは大きな組織から個人の悪行に至るまで、全般に当てはまります。
「清算がいつ行われるのか、またそれがどれくらい続くのかは誰にも正確にはわかりません。」現実とその厳しい真実に直面することを避けることは、その光を避けることと同じです。何か悪いことや破壊的なことがスポットライトを浴びると不快に感じるかもしれませんが、目を背けても計算がさらに遅れるだけです。いつになるかは誰にもわかりません。

変化は、周囲の人々の意見に耳を傾け、聞くことから始まります。たとえこれらのコメントが厳しいものであっても、気分を害するものであっても。批判に耳を傾けるということは、重要でないものを捨て、重要なものを熟考する前に、すべてを注意深く比較検討することを意味します。

『ファイト・クラブ』はこのシーンを完璧に描いている。ある登場人物は、私たちの期待、誇張、自制心の欠如に応えて、自分自身と彼自身にとってそのような瞬間を避けられない、そして苦痛なものにする、解放するために自分のアパートに火を放たなければならない。それが到着しました。これをどう評価しますか?変更することも、単に拒否することも可能です。

ビンス・ロンバルディはかつてチームについてもこう言った、「どんなグループが再び立ち上がるためには、まず最低点に達しなければならない」。どん底に陥ると痛みを伴い、精神的に消耗するかもしれません。しかし、その後に起こるのは、これまで知られている中で最も価値のある視点の1つであり、オバマ大統領が激動の大統領任期の終わりに近づいたときに述べたものです。

「ナイアガラの滝を転がり落ちる樽の中から人生を体験し、生きて出てくるのはとても解放的な気分でした。

できることなら、幻想をまったく経験しないことが理想的です。そうすれば、私たちは決してひざまずいたり、瀬戸際をまたぐ必要がなくなるでしょう。これについては、この本でかなりの時間を費やして議論しています。そうしないと、ここで終わる危険があります。

すべての終わりに、自分の進歩を十分に理解するには、自分で掘った穴の出っ張りに立って穴を覗き込み、壁を登る旅の痕跡である血まみれの爪跡を見て慈しむように微笑むことです。

第28章: 線を引く

不倫があなたの人生を台無しにするのは、それがあなたの人格を台無しにする場合だけです。

ジョン・デロリアンは、過剰な達成、怠慢、ナルシシズム、貪欲、そして不始末が重なって自動車会社を下り坂に導いてしまった。しかし、彼らの悪行に関する悪いニュースが流れ始め、関係者全員にその全貌が明らかになった今、私たちの選択肢は何でしょうか?

彼がどのように対応したかを思い出してください。彼の対応は、不満を抱いていた従業員たちが吐き出していた間違いを諦めて受け入れ、反省する機会を与えたものでしょうか?すべては効果的な経営にとって重要な要素であり、間違いは投資家だけでなく従業員にも同様に問題を引き起こしました。

ではない正確に。その代わりに、彼は6,000万ドルの麻薬取引とその後の逮捕につながる出来事を実行に移した。彼の無能な経営スタイルのせいで会社が行き詰まり始めたとき、彼はすべてを救う唯一の方法は、220ポンドのコカインを違法に出荷することで資金を調達することだと悟った。

確かに、公表された恥ずかしい逮捕の後、デロリアンは最終的に「罠」によるすべての容疑で無罪となったが、ビデオにはデロリアンがコカインの入った袋を差し出し、「これは金と同じくらい素晴らしい!」と歓喜の声を上げている様子が映っている。

ジョン・デロリアンの死は、ある人物と直接結びついている可能性がある。

誰がそのような大混乱を引き起こしたのかは否定できません。その答えは彼だけが持っています。

彼は自分が突き抜けられない穴にいることに気づくとすぐに、地獄そのものに到達するまで掘り続けました。

もし彼が立ち止まって、どこかの時点で「私はなりたい自分になれるだろうか?」と自問していたらよかったのに。人は常に間違いを犯し、自分ならなんとかできると思って事業を始めたり、壮大なビジョンを持っていたものの、そのビジョンが大きすぎて達成できないことが判明したりします。人々はこうした間違いを頻繁に犯すため、ここでも同様のことが起こっていました。

これはすべてまったく正常なことです。リスクを負い、間違いを犯すことは、起業家、クリエイティブ、または経営者であることの特徴です。私たちの業界が繁栄しているのは、人々がチャンスをつかみ、間違いから学ぶからです。

問題は、私たちがアイデンティティの源として仕事を重視しすぎると、どんな形であれ失敗が私たち個人の人間性を悪く反映してしまう可能性があることです。失敗は私たちにとってネガティブなものとみなされる可能性があるため、責任を取ることや間違いを認めることは避けられることになります。したがって、サンクコストの誤謬が発生し、良いお金と良い生活が無駄になり、すべてが以前よりも悪化するだけです。

壁が迫ってくるように感じたらどうしますか?そうすることで、裏切りや窃盗などの感情が表面化する可能性があります。どちらも、合理的でポジティブな行動につながるような合理的でポジティブな感情ではありません。

エゴは、なぜ自分にこんなことが起こっているのかと自問することがよくあります。そして、誰もが思っているのと同じくらい素晴らしいことを示すことで、さらなる問題を防ぐにはどうすればよいか。動物の本能は、弱さの兆候があれば生き残るために致命的になる可能性があると伝えます。

私の言っている意味が分かりましたか？何かのために必死に戦っても事態は悪化するばかりです。

いいえ、大きな成果にはつながりません。

スティーブ・ジョブズは、アップルを解雇された自身の全責任を負っていた。その後の彼の成功を考えると、それは貧弱なリーダーシップのように見えるかもしれませんが、当時の彼のエゴは本当に制御不能でした。代わりにジョン・スカリー氏がCEOだったら、あのバージョンのスティーブ・ジョブズ氏も解任していただろうし、そうするのは正しかった。

Appleを解雇された後、スティーブ・ジョブズは理解できる反応をとった：彼は泣きながら戦った。負けたので、彼は1株を残してすべて売却し、二度と会社のことは考えないと約束しました。しかしその後すぐに別の事業を開始し、それに人生とエネルギーを捧げました。彼はできる限り最初の失敗の原因となった失敗から学ぼうと努め、その後すぐにピクサーという別の会社を立ち上げました。スティーブ・ジョブズは、ただ楽しむためだけに障害者用スペースに駐車する利己的なCEOとして知られています。しかし、自らの死の重大な瞬間に、彼は驚くべき謙虚さを示し、再び自分自身を証明するだけでなく、そもそも自分の没落の原因となった欠陥を大幅に解決するまで働きました。

大きな失敗や困難に直面したとき、成功者や権力のある人でも、失敗からすぐに立ち直ることはめったにありません。

アメリカン・アパレルの創設者であるダブ・チャーニー氏はその一例として際立っています。約3億ドルの損失とさまざまなスキャンダルを負った後、彼の会社は財務上の苦境に対処するために彼に2つの選択肢を提示した。CEOの職を辞し、高給でクリエイティブ・コンサルタントを続けるか、解雇するかであるが、どちらの選択肢も拒否され、はるかに悪い選択肢が選ばれた。
抗議の訴訟を起こすと、チャーニーは会社の全所有権を賭けてヘッジファンドとの敵対的買収を開始し、自分の行為を徹底的に調査し判断するよう要求したが、それはそうではなかった。その代わりに、チャーニーの私生活に関する恥ずかしい詳細が明らかになり、法定代理人としてチャーニーをセクハラや財務不正で何度も訴えてきたのと同じ弁護士を選んだことなど、恥ずかしい詳細が公表された。チャーニーが過去に、軽薄な主張を打ち消したり、軽薄な主張をしたとして非難した人物。今では両方が一緒に働いていました！

American Apparelは1000万ドル以上を費やして反撃した。裁判官が接近禁止命令を出し、売り上げは低迷し、工場労働者や長年働いていた従業員——まさに彼らのために戦っていると彼が主張していた人々——を解雇し始めたのは、まさに事業を継続するためだった。1年以内に彼らは破産を宣告し、事業を継続するための資金も底をつきました。*

アルキビアデスは悪名高い政治家であり、ペロポネソス戦争の将軍でした。長い間彼の最大の愛であった母国アテネのために初めて戦った。酒に酔った状態で犯した明らかな飲酒犯罪で追放されると、その後アテネの不倶戴天の敵であるスパルタに亡命したが、再び亡命し、今度はそれ自体が両国の敵であったペルシアに亡命した。ついにアテネに戻り、シチリア島を侵略するという彼の野望が彼らを破滅への道へと導いたのです！

エゴは私たちが人生で最も愛するものを破壊し、それによって私たちを倒すと脅す可能性があります。

アレクサンダー・ハミルトンは、おそらく建国の父の中でも特に悲劇的で避けるべき結末を迎えたものの、このテーマに関して賢明な言葉を残した人物の一人でしょう。不必要な決闘に入る前に彼がそれらを思い出していれば！「不屈の精神と名誉を持って行動せよ」とハミルトンは、自身のせいで深刻な経済的、法的困難に陥った取り乱した友人に宛ててこう書いた。もし釈放に合理的な希望が期待できないのなら、さらに深く突っ込むのはやめなさい。自分の追求をさらに追求するために時間を割く勇気を持ってください。努力してやめます。

停止！これらの人々は一度に諦めるべきではありませんでした。むしろ、退職の時期がいつなのかを認識できないことが、良いことよりもむしろ害をもたらしました。もっと大きな視野で見る必要があります。

自分自身のエゴが主導権を握ったとき、誰が競争できるでしょうか？

あなたが失敗し、それがあなたの責任だったとしましょう。ひどいことは時々公の場で起こる。自分の努力がこのように台無しになるのを見るのを喜ぶ人は誰もいません。したがって、疑問は残ります。事態をさらに悪化させるつもりですか、それとも尊厳と人格を損なわずにこの経験を乗り越え、明日の次の戦いに備えますか？
チームが試合に負けそうなとき、コーチは怒鳴ったり叱責したりしません。むしろ、彼らが誰であるか、そして彼らの能力が何であるかを思い出させ、現場に戻ってそれを示すよう奨励します。優れたチームは、勝利や奇跡を起こすことをあまり心配せず、最高水準でパフォーマンスを発揮することに集中します。通常の参加率に関係なく、チームメンバー全員でプレー時間を共有し、場合によっては逆転勝利することもあります。

ほとんどの問題は、私たちがそうしなければ一時的なものです。解決策にさらなる疾患が含まれていない限り、回復は通常、段階的に行われます。

エゴのせいで、恥ずかしさや失敗は実際よりも悪いものだと考えてしまうことがありますが、屈辱に耐えながらも、それでも成功した人生やキャリアを送り続けた人々の例は歴史にたくさんあります。無分別な行為により選挙や失職に見舞われた政治家は、しばらく経ってから復帰し、再び首尾よく指導することが多い。映画が大ヒットした俳優、ライターズ・ブロックに苦しむ作家、失言をした有名人、間違いを犯した親、経営不振に陥った会社の起業家、解雇された経営者、解雇されたスポーツ選手、市場のトップでうまく暮らしすぎた人々…。これらの人々は皆、私たちと同じように失敗の痛みを感じていました。物事が思い通りに進まないとき、損失に直面したとき、私たちには 2 つの選択肢があります。負ける負けの状況にするか、損失が勝ちに終わる可能性がある状況にアプローチを変更するかです。

人生はいつか終わります。それくらいは確かです。医師はどこかの時点で死亡時刻を告げなければなりません。それは単に彼らの職業の一部です。
エゴは私たちに自分の無敵性を確信させます。この妄想は問題を引き起こします。失敗や逆境に直面すると、彼らはルールを破ることで反応することが多く、危険な計画にすべてを賭けます。あるいは、そもそもそれが彼らをあんなに苦痛に陥らせた原因であるにもかかわらず、裏取引や最後の手段に頼ったりする。

人生のどの時点でも、私たちは向上心があり、成功したり失敗したりすることがありますが、それは同時に起こることもよくありますが、知恵があれば、これらの状態は一時的なものであり、人としての自分を定義するものではないことを認識しています。何らかの理由で成功を逃したとき、重要なのは喉をしっかり掴んで押しつぶさないことです。むしろ、最初の原則とベストプラクティスに立ち返って、願望段階に戻す必要があります。

セネカは、「死を恐れる人は、決して生きている人間にふさわしいことをしないだろう」と言いましたが、失敗を避けようとする人は、それにもかかわらず、ほぼ確実に価値のあることを行うでしょう。
失敗は自分の原則を裏切ることによってのみ起こります。痛いからといって自分の大切なものを犠牲にするのは利己的で愚かです。あなたの評判が多少の挫折に耐えられないのであれば、おそらくそれは最初から持つ価値がなかったのでしょう。

第 29 章: スコアカードの管理

私は過去の間違いを特定する以外は振り返りたくないのです。過去を振り返っても、誇りに思って覚えておくべき過去の成果を後悔するだけです。

--エリザベス・ノエル・ニューマン

2000年4月16日、ニューイングランド・ペイトリオッツは広範なスカウティングの結果、ミシガン大学から追加のクォーターバックを選出した。彼らは徹底的な身元調査を実施し、綿密に計画を立てていました。

彼らはしばらくの間彼に注目していましたが、彼がまだ対応できることを見て、行動を起こすことにしました。

今年のドラフトでは6巡目、199位指名だった。

彼の名前はトム・ブレイディでした。

ブレイディはルーキーイヤーに4弦としてスタートしたが、2シーズン目までにスターターとなり、その年のニューイングランドのスーパーボウル優勝に貢献し、MVPとして表彰された。

いかなる投資収益率を基準にしても、クォーターバックとしてのトム・ブレイディの選択は、ドラフト史上最高の選択の一つである可能性があります。6回の出場で4回のスーパーボウル出場。先発出場14シーズン、172勝、タッチダウン428回（スーパーボウルMVP受賞3回）。58,000ヤード。プロボウルに 10 回出場し、これまでのどのクォーターバックよりも多くの部門タイトルを獲得し、さらにそれまでのどのクォーターバックよりも多くの部門タイトルを獲得しました。配当を支払い続ける可能性もある。ブレイディにはまだ多くのシーズンが待っているかもしれない。

したがって、ペイトリオッツのフロントオフィスがこの結果に喜ぶのは当然であり、実際そうだった。しかし彼らはまた、ブレイディの予期せぬ能力により、彼らの偵察報告書が計算を誤り、彼の無形の特質をすべて誤って判断したことを意味していたため、自分たち自身に深く落胆した。それでも彼らはこの宝石を第6ラウンドまで見逃し、他の誰かがもっと早く彼を迎えに来たかもしれない。さらに、ドリュー・ブレッドソーが怪我で離脱し、彼の真の潜在能力を認識せざるを得なくなるまで、彼らは自分たちが正しかったことさえ気づかなかった。そのとき初めて、彼らはブレイディが本当に偉大であることに気づきました。

彼らの賭けは功を奏したが、ペイトリオッツは、そもそもそれが起こらなかった可能性のある情報のギャップや失敗に焦点を当てた。彼らは単に完璧を求めていたわけではありません。むしろ、彼らはより高いパフォーマンス基準を自らに課していました。

ペイトリオッツの人事部長スコット・ピオリ氏は、デイブ・スタチェルスキーを描いた写真を何年も机の上に置いていた——ドラフト5巡目で指名されたものの、トレーニングキャンプを通過できなかった選手だ——思い出させるために、「あなたはあんなに偉大ではない」あなたは考えていますが、すべてを理解しているわけではありません。集中力を維持してください。もっと上手にやれよ。

コーチのジョン・ウッデンもこれを明確にしました。スコアボードはチームや個人の成功のバロメーターではありません。勝利の定義は異なります。ボー・ジャクソンは、ホームランを打ったり、タッチダウンを決めたりしても、過度に興奮しなかったのは、「完璧にできていない」と分かっていたからだ。（実際、メジャーリーグ初安打の後、彼はボールを要求しなかった。彼にとってそれは「ただの真ん中へのゴロ」だったからだ。）

偉大な人は、このレンズを通して人生を見る傾向があります。すべての成功を失敗として捉えるのではなく、社会が客観的に成功とみなす基準をはるかに超えた基準で人生を見る傾向があります。このため、優れた人は他人が何を考えているかをあまり気にしません。彼らにとって最も重要なことは、多くの場合他の人の基準をはるかに上回る自分自身の基準を満たすことです。

ペイトリオッツはトム・ブレイディの指名を賢明というよりも幸運だと考えており、その幸運を自分たちに認めたくなかった。NFL のどのチームにもエゴが少なからず存在するが、彼らは起こったことを祝ったり自分たちを褒めたりする代わりに、頭を下げ、改善できる方法に集中した。謙虚さは、組織的にも、個人的にも、職業的にも非常に強力な力となります。

このプロセスは決して楽しいものではなく、時には自分自身が課した拷問のように感じることもありますが、改善を図り、目標を達成するために忍耐強く、常に努力する必要があります。

エゴは問題の両方の側面を理解できないため、改善することができず、肯定的な検証だけを見て、どこから改善が得られるのかを知りません。「虚栄心の強い人は賞賛以外のことをほとんど聞きません。」目に見えるのは成功だけです。たとえそれがどれほど一時的なものであっても、これが多くの一時的な手がかりの背後にある理由ですが、エゴマニアの間で見られる永続的な手がかりはほとんどありません。

ウォーレン・バフェットは、内部スコアボードと外部スコアボードについて議論する際に、この点を明確にしました。彼らの可能性、つまり彼らが生み出すことのできる最高のものに対して自分自身を測ることが、成功の基準です。勝つだけでは十分ではありません。誰でも勝つことができますが、誰もが自分の潜在能力を最大限に発揮できるわけではありません。

ひどい？多分。しかし、正直であるということは、誇りを持ち、敗北に直面しても強いということを意味します。自己中心的な視点がなければ、他人の意見や外部の指標は、あなたの成功か失敗を決める上でそれほど重要ではなくなります。

それはより困難になる可能性がありますが、最終的には回復力のための強力な公式になります。

アダム・スミスは、賢明で善良な人々が自分の行動をどのように評価するかについて次のようなアイデアを持っていました。

私たちは2つの異なる機会に、自分の行動を公平に評価しようと試みます。1つは演技について熟考しているとき。そして演技後の2番目。残念ながら、客観的な観察者に自分を見てもらいたいと思うように自分自身を見るとき、私たちの見方は非常に偏っていることがよくあります。しかし最も顕著なのは、情熱がそれを駆り立てた行動を熟考するときです。しかし、行動が終わり、情熱が静まると、公平な観察者のように、より客観的に彼らの感情を探ることができます。

「無関心な観客」は、社会からの正当性を求めるのではなく、私たちが自分の行動を評価するためのガイドとして機能します。しかし、この「無関心な観客」は、検証だけに基づいてあなたを判断するだけの役割を果たしているわけではありません。

政治家や権力のあるCEOなど、すべての人々が自分たちの行為を「厳密には違法ではない」と言い訳しているところを想像してみてください。あなたも自分でやったことがあるかもしれません。あなたのエゴは、このような道徳的なグレーゾーンを悪用するのが大好きです。内的または無関心な基準（それは重要ではありません）を設定すると、過剰または不正行為が発生する可能性が低くなります。結局のところ、問題は何が逃げられるかということではありません。むしろ、何が起こるべきか、何が起こるべきではないかについてであるべきです。

最初は、この道は難しいように思えるかもしれませんが、最終的には私たちの自己陶酔や利己心を和らげることにつながります。人々が成功の尺度として拍手をするのではなく、自分自身の基準に照らして自分を評価すると、スポットライトに対する渇望は大幅に軽減されます。長期的に考えることができる人は、一時的な挫折の際に自分自身を残念に思う傾向が少ない。一方、チームワークを高く評価する人々は、他のほとんどの人よりもより自由に信用を共有し、個人的な利益を積極的に脇に置く傾向があります。

うまくいったことや自分がどれほど素晴らしいかを振り返っても、何も進みません。それは私たちを今いる場所に残すだけであり、それは私たちが行きたい場所かもしれないし、そうでないかもしれません。私たちが望むのはそれ以上、成長と改善です。これ以外に満足できるものはありません。

エゴが邪魔になることもあるので、私たちはより高い基準を設定することでエゴを包摂し、征服します。貪欲にもっと追求するわけではありません。代わりに、私たちは気質ではなく規律を持って真の改善に取り組んでいます。

第30章：いつも愛しています

私たちが世界に対して怒りを感じる理由はありません。

まるで世界が気づいたかのように！

--EURIPIDES 1939 年、オーソン・ウェルズはハリウッドで最も画期的な契約の 1 つ、つまり俳優、脚本、監督の機会を獲得しました。彼はわずか 2 年で 3 つすべてを達成できたのです。

RKOスタジオは、彼らが選んだ映画を製作するよう彼によって選ばれ、その最初の作品「謎の新聞男爵」では、彼が巨大な帝国とライフスタイルの中に閉じ込められた影響力のある新聞社のオーナーの物語を語るという内容であった。

影響力のあるメディア王ウィリアム・ランドルフ・ハーストは、この映画が自分の人生に基づいた攻撃的なものであると信じ、この映画を削除するために全力を尽くしたキャンペーンを開始したが、最初は成功した。

これの興味深い点は 2 つあります。1つ目は、ハーストはおそらく映画すら観たことがないことだ。したがって、おそらく彼はその内容をまったく知りませんでした。2 つ目は、必ずしも彼に関するものとして設計されたわけではありませんでした。少なくとも、彼だけを扱ったものではありませんでした。チャールズ・フォスター・ケインのキャラクターは、サミュエル・インサルやロバート・マコーミックなどの歴史上の人物をインスピレーション源として作成されました。同様に、チャーリー・チャップリンとオルダス・ハクスリーによる2枚の似た肖像画もこの映画にインスピレーションを与えました。それは彼らを人間化するのではなく、悪魔化することを意図したものではありませんでした）。第三に、ハーストは当時生きていて人生の終わりに近づいていた最も裕福な人物の一人でした。なぜ彼は、テストもされていない監督の架空の映画プロジェクトのような些細なことに、多くのエネルギーと注意を捧げるのだろうか？第四に、それに対する彼のキャンペーンはその遺産を強固にし、支配と操作に対する彼の野心の深さを明らかにしました。そのため、彼の努力は、どんな批評家よりもしっかりと歴史の中に自分自身を定着させました。

このように、憎しみと恨みのパラドックスが存在します。それは、インターネット用語でストライサンド効果として知られる、私たちが意図した目標とほぼ正反対のことを達成します。
バーブラ・ストライサンドは、自宅の写真をインターネットから合法的に削除しようとしたことで話題になった。彼女の努力は裏目に出た。彼女が放っておいた場合よりも多くの人がそれを目にしたからだ。）悪意やプライドから破壊的な行為に従事すると、その行為が保存され、時間が経つとさらに広まってしまうことがよくある。

ハーストは秘密を守るために並外れた努力をした。彼は最も影響力のあるゴシップコラムニストの一人であるルエラ・パーソンズをスタジオに派遣し、視察させた。彼女のフィードバックを受けて、彼はそれが公に知られるのを防ぐのは自分の力であると判断した。彼は、すべてのハースト新聞が、ウェルズを含むRKO映画（『市民ケーン』の制作会社）時代のものについては一切言及しないという指令を出した（この禁止令は10年以上経った今でもしっかりと続いていた）。ハーストの新聞は、次のような否定的な記事を掲載し始めた。ウェルズと彼の私生活。さらに、ハーストはRKOの各取締役を脅迫するゴシップコラムを書いたり、他のスタジオの責任者をこの写真に反対させるよう脅迫したりした。映画の上映権には80万ドルのオファーが出され、燃やすか破壊することができるため、ほとんどの劇場チェーンは上映を拒否し、ハーストの敷地内での広告も禁止せざるを得なくなった。ハーストの支持者たちはウェルズに対する疑惑をさまざまな当局に報告し始めた。J・エドガー・フーバーのFBIは最終的に1941年に彼に関するファイルを公開した。

ハーストは自身の映画のコントロールを維持するために多大な出費と労力を費やしたが、最終的には商業的に成功せず、文化の中にその地位を確立するまでに数年を要した。ハーストは多大な労力を費やしてのみ、それが広範囲に拡散するのを阻止することができました。

誰もがイライラする何かを持っており、成功したり権力を持ったりすればするほど、遺産、イメージ、影響力に関して自分自身を守る必要があると感じるかもしれません。残念ながら、適切な監督がなければ、他人が私たちに恥をかかせたり、軽蔑したりするのを阻止しようとして、信じられないほどの時間を無駄にする可能性があります。

思い起こすのが難しい理由で、怒った男性や虐待された女性によって何世紀にもわたって引き起こされた不必要な死と浪費のすべてを少し考えてみましょう。それは人を唖然とさせるはずだ。

誰かがあなたを攻撃したり傷つけたりしたとき、答えとなるのは常に愛です。愛は外側に広がり、私たちに思いやりを示します。音楽を断らない隣人に対して。私たちを失望させた親。あなたの書類を紛失した官僚。私たちを拒絶するグループや私たちを攻撃する批評家、誰もが私たち全員から愛される権利があります。あなたのビジネスアイデアを盗んだ元パートナー。愚痴や詐欺師。愛。

憎しみは必ず戻ってきてあなたを襲うでしょう。憎しみがあなたを飲み込むだろう。」

自分に対して行われた不当行為に対して愛を求めるのは多すぎるかもしれませんが、少なくとも、手放して、起こったことを笑い飛ばしてみることはできます。

さもなければ、世界は古くからの悲劇的なパターンの新たな例を目撃することになるだろう。裕福で権力のある人々は、自分の望みに反する何かが起こると非常に孤立し妄想にふけり、何かが自分の望みに反すると、そのことと自分の衝動に飲み込まれてしまう。彼らを偉大にするのに役立ったことが、彼らの最大の弱点になるのです。小さな不都合が大きな痛みに変わります。感染が始まるまで化膿し、最終的には死に至る。

敵対的な世界と戦った攻撃的な戦士としてのニクソンの自己イメージは、彼の破滅となった。他の「タフな男たち」に囲まれていたのと同じように。人々はウォーターゲート事件の後、ニクソンが圧倒的な大差で再選されたことを忘れがちだ。残念ながら、彼の行動は記事を煽り続け、記者たちと戦い、迫害し、自分を疑っていると感じた人には激しく攻撃し、報道にさらなる燃料を与え、最終的には沈没させた。彼の以前の多くの人々と同様に、彼の憎しみと怒りは、他の誰よりも最終的に自分自身に大きなダメージを与えたことが判明しました。世界で最も強力なリーダーの一人であるだけでは、彼を変えるには十分ではありませんでした。

人種差別がこのようにある必要はもうありません。ブッカー・T・ワシントンは、飛行機で旅行する際、人種を理由に移動して手荷物車に座るよう求められたフレデリック・ダグラスの逸話を語り、彼の白人支持者の一人が駆け寄って謝罪し、そのような屈辱について説明したという。「申し訳ありません、ダグラスさん、この品位のない扱いをしてしまいました！」その人は言いました。

ダグラスは、自分を貶めようとするそのような試みにはまったく好意を持たず、非常に激しく答えた、「誰もフレデリック・ダグラスを貶めることはできない。そのような仕打ちによって私の魂が傷つけられるはずはない。むしろ、私によって貶められているのは、そのような仕打ちを与えた者たちなのだ。」

そのような態度を維持することは非常に困難な場合があります。憎むのは簡単です。暴れるのは本能的なものです。

しかし、ダグラスのような偉大な指導者は、反対する人々を単に非難するだけではなく、傑出した存在です。むしろ彼らは彼らに対して共感を示します。バーバラ・ジョーダンは、1992 年の民主党全国大会で「愛、愛、愛」という議題を提案し、それを行いました。マーティン・ルーサー・キング・ジュニアも、生涯で遭遇したいくつかのグループからの憎しみに直面したとき、同様でした。

キング牧師は最も有名な説教で、憎しみは重荷であり、愛は解放である一方、憎しみは衰弱をもたらすと説いた。彼の有名な説教の1つはさらに踏み込んだもので、「私たちはまず自分の内側を見つめることによって敵を愛することを学ばなければなりません」と述べています。憎しみはいつでも、身体的、心理的、社会的など、その中心を蝕むことによって、人生において重要なものを侵食していく可能性があります。憎しみは酸のようなもので、有毒な廃棄物だけが残るまで、私たちの最良の部分をすり減らしてしまいます。」

ここで、少し時間を取って自分自身を評価してください。何が嫌いで、誰を嫌悪感を抱き、その人の名前が頭の中に残っているか、そしてその強い感情が何らかの有益な目的を果たしているかどうかを確認してください。

さらに幅広い評価を行ってください。憎しみと怒りが人をどこへ導いただろうか？

多くの場合、他人に対してイライラする特徴や行動、つまり不正直、利己主義、怠惰などは、最終的には相手にとって良い結果にはなりません。彼らのエゴと近視眼は、最終的には彼らにとって代償を払うことになるでしょう。

ある時点で、私たちは、単に他の人が不幸であるという理由だけで自分も不幸になるのかどうか、自問しなければなりません。

オーソン・ウェルズは、ハーストの数十年にわたるキャンペーンに驚くほど優雅に応えた。彼自身の説明によると、彼はプレミアの夜にエレベーターでハーストに遭遇したという。ハーストがこのイベントを破壊しようと多大なリソースを費やしたのだ。ウェルズはハーストを家に招き、チャールズ・フォスター・ケインならきっと引き受けただろう、と冗談を言った。ハーストは断った。ウェルズの返答に直面したとき、彼も断ったのです！

『市民ケーン』におけるウェルズの天才性は、世界中の観客に認められるまでに時間がかかりました。それでもウェルズは、充実した幸せな生活を送りながら、他の映画やプロジェクトに取り組み続けた。最終的に、初演から約70年後にサンシメオン州立公園のハーストキャッスルで上映され、映画史の最前線にその地位を確保しました。

ウェルズの出来事は公平ではなかったが、少なくともウェルズはそれらの出来事で自分の人生を台無しにすることはなかった。ウェルズの長年のガールフレンドは追悼の席で聴衆に、ハーストやその他のハリウッドからウェルズに対する軽蔑はすべて有害だったが、「それが彼を苦しめたことは一度もなかった」と語った。言い換えれば、ウェルズは決して別のハーストになることはなかった。
誰もがそのような対応ができるわけではありません。人生のさまざまな時点で、私たちは皆、許しや理解に対するさまざまな能力を持っているようです。たとえ不必要な恨みを持ち続けることなく人生を送り続けることができる人がいるとしても。カーク・ハメットがメタリカのギタリストになったのを覚えていますか?彼の居場所を作るために、元バンド仲間も脱退したため、後にメガデスを結成することになったデイヴ・ムステインを外す必要があった。最も目覚ましい成功を収めたときでさえ、彼はそれまでの何年もの間自分がどのように扱われたかについて怒りに燃えていた。それは彼を依存症に陥らせ、彼の健康にとって致命的になる可能性がありました。何が起こったのかを理解し始めるまでに18年が経過し、傷つき、拒絶されたことがまだ昨日のことのように感じられると語った。彼が自分の話を語るのを聞くと、彼は結局橋の下で暮らすことになったのではないかと思うかもしれないが、実際にはこのロックスターは長いキャリアの中で数百万枚のレコードを売り、素晴らしい音楽を生み出した。

誰もがそのような刺すような痛みを経験したことがあります。その感情は彼の歌詞の中で「黒い歯のような笑い」として反響しました。たとえそれがどんなに傷ついたとしても、誰かがしたことや物事がどうあるべきかに執着するのは、その人のエゴの表現です。他の人は前に進んだかもしれないが、あなたはまだ前に進むことができない。なぜなら、あなたの世界はあなただけを中心に回っていて、誰かが（意図的かどうかにかかわらず）あなたを傷つける可能性があり、あなたを憎しみと復讐への醜い道に導く可能性があることを受け入れることができないからです。

失敗や逆境があると、簡単に嫌いになってしまいます。憎しみは責任を他人に向けます。復讐を求めたり、自分に対する間違った行為を調査したりすることに心が奪われていると、他のことはあまり達成できません。

これにより、私たちはなりたい場所に近づくことができるのでしょうか？いいえ、そうではありません。むしろ、私たちは現状で立ち往生したままになります。さらに悪いことに、開発が完全に停止されてしまいます。すでに成功している人々（ハーストもそうでした）にとって、そのような行為は私たちの遺産を汚し、黄金時代であるはずだった時代を台無しにする可能性があります。

愛はすぐそこまで来ています。無私、オープン、ポジティブ、傷つきやすい、平和的、生産的、すべてがひとつにまとめられています。

第 31 章: エゴは私たちの敵です

今後のあらゆる新たな挑戦に向けて

仕事が好きな人はいません。しかし私が仕事について感謝しているのは、自己発見の能力です。

ウィリアム・マンチェスターによるウィンストン・チャーチルの壮大な伝記には、「アローン」と題された中編があり、近視眼的な仲間たちや西側諸国内から高まるファシストの脅威に対するチャーチルの8年間の闘いを探求している。

しかし最終的に彼は再び勝利を収め、すべての逆境を克服して再び正しさを証明されました。

キャサリン・グラハムは、家族が経営する新聞帝国を独力で掌握するために困難な旅をしましたが、ドナルド・グラハムも、2000年代半ばの劇的な衰退の中で新聞帝国を維持しようとして同じように感じたに違いありません。しかし、どちらもなんとか成功しました。あなたも同じことができます!

それを回避することはできません。私たちは困難に直面し、失敗を経験します。ベンジャミン・フランクリンは、最後まで酒を飲む人は、人生のある時点で不快な澱を期待するに違いないと述べています。

でも、もしかしたらあの残骸は結局それほどひどいものではなかったのだろうか？ハロルド・ジェネーンは次のように述べています。「人は成功からよりも失敗から多くを学びます。ケルトの古いことわざがこう言うのはそのためです。『たくさん見て、たくさん勉強して、たくさん苦しむ - これが知恵への道だ！』

あなたの現在の状況は、そのような道になる可能性があり、そうなるべきであり、そうなる可能性があります。

知恵か無知か？多くの場合、エゴが決定要因になります。

願望は成功(そして逆境)につながります。成功はそれ自身の挫折を生み出し(できれば新たな野心を呼び起こします)、必然的にさらなる願望とさらなる成功に戻り、終わりのないサイクルを生み出します。

私たちは皆、連続体の上に存在し、生涯を通じてその軌道に沿ってさまざまな立場をとります。しかし、失敗に見舞われたとき、その痛みは取り返しのつかないものになります。

私たちに次に何が起ころうとも、変わらないものが 1 つあります。それはエゴです。エゴはどんな一歩でも困難にすることがありますが、過去の失敗から学び、この瞬間を自分自身と自分自身をよりよく理解する機会として利用しない限り、失敗した場合は永久に残ります。エゴは全力でそれを探し求めます。

すべての偉大な男性と女性は、偉大さへの道で障害に直面しました。誰もが途中で間違いを犯しました。これらの経験からいくつかの利益が得られました。たとえそれが、彼らが無敵ではなかったし、物事が常に思い通りに進むとは限らないことを認識しただけだとしても。自己認識が鍵となりました。それがなければ、彼らは個人として向上することも、その後のあらゆる課題を克服することもできなかったでしょう。

したがって、私たちは人生のあらゆる段階でうまくナビゲートできるように、彼らのマントラをガイドとして使用します。シンプルですが（決して簡単ではありません！）。

個人的な利益のためには決して追求しないでください。

エゴイズムのない成功: 目標。

プライドではなく勇気を持って失敗に取り組む方法。

第32章：エピローグ

私たちの生活は国内の内戦に巻き込まれています。それぞれの人の魂の中に存在する、自分自身の２つの異なる部分の間には、綱引きのようなものがあります。南と北です。人生そのもののあらゆる側面に影響を与える継続的な闘争。

- マーティン・ルーサー・キング・ジュニア。
私の本が出版されましたことおめでとうございます!私自身を含め、そうでない人もいるかもしれないと心配していました。どう見ても、乗り越えられるかどうかはわかりませんでした。しかし、私たちはここにいます。作った人もいるよ！できるかどうかさえわかりませんでした。

現在の気分はどうですか？あなたは圧倒されていますか、疲れ果てていますか、それとも解放されていますか？

自分のエゴと真正面から向き合うことは、簡単なことではありません。まず自分が存在することを受け入れること。そしてそれを徹底的な検証と批判にさらします。私たちのほとんどは、不快な自省に耐えて別の場所で安らぎを見つけることができません。人類の最も驚くべき成果のいくつかは、自我の内なる闇に直面することを避けたい人々の中に隠されていることがよくあります。

この段階に到達することで、あなたはすでにそれとの戦いに向けて大きな進歩を遂げていることになります。もちろん、さらにやるべきことはありますが、少なくとも印象的なスタートを切ることができました。

私の友人で影響力のある哲学者で武道家であるダニエレ・ボレッリは、かつて私に啓発的な比喩を与えてくれました。トレーニングは床を掃除するようなものです。一度行うと永久にほこりを防ぐことはできないため、清潔を保つために毎日行う必要があります。

同様の問題が私たちのエゴに影響を与えます。ほこりや汚れが時間の経過とともにどのようなダメージを与えるかを目の当たりにすると、きっと驚かれるでしょう。その蓄積はすぐにほとんど制御不能になります。

ダブ・チャーニーはアメリカン・アパレルから解雇されて取り乱し、午前3時に私に電話してきた。彼は完全に責任を感じており、自分の状況に対するすべての責任を否定しました。私が彼の計画は何なのか——スティーブ・ジョブズに倣って別の会社を立ち上げるかどうか——尋ねると、彼は沈黙し、非常に誠実にこう言った。「IJ、これはすべてうまくいくよ。」

スティーブ・ジョブズが亡くなった。私たちが一緒に話し合った最後の数時間、この失敗が彼にとってどれほど死のように感じられたに違いないと感じたのを覚えています。その後数か月間、私は彼の行動が彼が Apple で築き上げてきたものすべてを破壊するのを恐怖の思いで見ていました。

私はこの悲しい思い出を決して忘れません、それは永遠に私の一部であり続けるでしょう。

しかし、神の恵みがあれば、私には何でもできます。その中には私たちの誰もが含まれる可能性があります。

成功と失敗は人それぞれに異なります。この本を書くのに苦労している間、私は4つの苦闘したが拒否された提案の草稿と多くの原稿の草稿を検討した。以前のプロジェクトでは、他の誰かと一緒に仕事をするときなど、私は心が折れてしまうかもしれません。おそらく私は辞めるか、別のチームで働くか、自分の道が奪われて本に何らかの形で取り返しのつかないダメージを与えるまで頑張っていただろう。

その過程のある時点で、私は治療装置を発見しました。各下書きが完了すると、私は各ページを破いて、ガレージのミミズ堆肥の山に与えました。これにより、痛みを伴うページが土になり、庭に栄養を与え、裸足で痛みなく歩けるようになりました。広大な宇宙との即時のつながりを提供します私の時が来て、自然が私を引き裂いたとき、それは最終的に私を襲うことになるでしょう。それは、いつか私が死ぬ番が来て、私の人生が終わるとき、自然は私に望むことは何でもするだろう、そして自然がそのときも同じことが起こると決めるとき、これらすべてが私にも起こるだろうということを思い出させるのに役立ちました。

私にとって最も自由な洞察の1つは、あなたが今読んだこれらのページでアイデアを書いたり考えたりしているときに得られました。私たちの人生は時の試練に耐えるために設定された「壮大な記念碑」であるべきだというこの考えが、どれほど有害な幻想であるかに気づきました。野心的な人なら誰でも、その気持ちを知っています。価値ある貢献者になるためには、大きなことを達成しなければならないという気持ちです。そうでないなら、自分たちはこの世で救いのチャンスのない無価値な失敗者だと考えたほうがよいでしょう。最終的には、非常に大きな圧力がかかる可能性があり、最終的にはその圧力に屈したり、自分自身が圧力の犠牲者になったりすることがあります。

もちろん、それは正確ではありません。誰もが自分の中に計り知れない可能性を秘めています。私たちは皆、達成できるとわかっている目標や成果を持っています。それが会社を設立することを意味するか、創造的な作品を仕上げることを意味するか、チャンピオンシップを追いかけること、またはそれぞれの分野のリーダーになることを意味するかにかかわらず、これらは達成するために多大な努力を必要とする価値のある目標です。壊れた人は彼らに到達することはできません。

私たちのエゴが邪魔をして、これらの追求を損ない、私たちが達成しようとしている目標を損なったときに問題が発生します。旅を始めるとき、嘘をささやきます。さらに悪いことに、成功したときは！
エゴはどんな麻薬にも似ています。最初は優位性を得るために、あるいは攻撃を和らげるために耽溺します。しかし最終的にはそれ自体が目的となり、人はダブと電話で話しているときに遭遇したような非現実的な瞬間や、この本の警告話で説明されているような瞬間にさらされることになります。

私の仕事と人生の経験から、エゴの影響のほとんどはそれほど劇的なものではないことがわかりました。私たちが子供の頃に教えられたように、あなたの人生でエゴに屈した人たちは、必ずしも「当然のことを手に入れる」とは限りません。残念ながら、それはそれほど単純ではありません。

その代わりに、私のお気に入りの本「What Makes Sammy Run?」バッド・シュルバーグによるこの作品は、有名な登場人物の一人の結末を忠実に再現しています。実生活のサミュエル・ゴールドウィンとデヴィッド・O・セルズニックが描かれています。ハリウッドを舞台にしたこの物語では、主人公は、彼らの急速な台頭を追った後、一人の冷酷な大物を訪問するよう呼び出されるが、最初は彼ら全員に感心したが、すぐに幻滅するようになる。

この重要な局面において、語り手は、孤独な結婚生活、恐ろしいほどの不安、そして一瞬たりとも休むことができないことから、この男の人生についての洞察を得る。彼は、先に進むために使用されたルール違反や不当な手段のすべてに対する復讐の希望は得られないことに気づきました。実際、それは彼が書いた瞬間にすでに始まっていました。

私は決定的で致命的な何かが起こると予想していましたが、実際に起こったことはもっと緩やかなものでした。彼は、出生地を疫病のように襲った疫病の最中に、ある種の病気に罹っていた。病気はゆっくりと彼を蝕み、その症状は進行し、さらに激化した。成功、孤独、恐怖──聡明な若者たちが次々とやって来て、嫌がらせをしたり脅迫したりし、最終的には完全に彼を追い越そうとするのではないかという恐怖だ。

エゴはさまざまな形で現れます。私たちはそうなることを恐れていませんか？

最後に、すべてを完全に一周させるために私が望んでいることを１つ明らかにさせてください。私が19歳のとき、この一節は、エンターテイメントビジネスで早期に成功を収めた指導者から読書として割り当てられました。彼と同じように、この本は彼の意図どおりに私にとって影響力があり、有益であることがわかりました。

しかしその後数年が経ち、私はこの本で描かれている人々とほぼ同じ状況に陥っていることに気づきました。単に彼らの豪華な邸宅に呼び出されて、私が尊敬していた人が避けられない崩壊を経験するのを目撃しただけではありませんでした。むしろ、すぐに自分もそうなりそうになったことに気づきました。

その証拠に、このエピローグのこの一節をタイプするために元のコピーに戻ったとき、シュルバーグの言葉に対する知的かつ感情的な手書きの応答で覆われたページを発見しましたが、それでも私は不必要な道に私を導く選択をしてしまいました。当時は一掃で十分だと思っていました！

初めてこの本を読んで感想を記録してから 10 年後、それらの教訓はまさにあるべき形で再び心に響きました。

ビスマルクはかつて、「愚か者は誰でも経験から学ぶことができる」と言った有名な言葉です。鍵は他の人の経験から学ぶことにあります。私が自我を調べようとしていた間に、この本はもっと暗いものになってしまいました。私のエゴと、私が長い間尊敬してきた人々のエゴがぶつかり合いました。驚いたことに、私はショックを受けました。

新しい情報を学ぶには多くの場合、経験が必要です。プルタルコスが言ったように、私たちは言葉だけではなく経験を通じて知識を獲得します。

いずれにせよ、私はこの本を、あなたが今読んだすべてのことの指針となった考えで締めくくりたいと思います。より良いビジネスマンやビジネスウーマン、スポーツ選手や征服者になろうと努力することは素晴らしいことです。私たちは、より良い教育、経済的安全、そして、これまでこの本で何度か書いてきたように、素晴らしいことを目指して努力する必要があります。個人的に言えば、それは私が日々努力していることです。

人としてより良く行動することは、同様に素晴らしいことです。より幸せな人、バランスの取れた人、満足している人、そして謙虚で無私無欲な人になることはすべて、当然のことと思われがちな素晴らしい成果です。最も明白だが無視されがちなことは、私生活を完璧にすることが仕事での成功に直接つながるということです。多くの場合、この道は逆になります。習慣的な思考を改善し、破壊的な衝動を抑制することは、まともな個人にとって単なる道徳的義務ではありません。これらのことを行うことで、私たちはさらに成功します。それらのおかげで、私たちは野望の裏切りの海を安全に航行できると同時に、それ自体の条件ですべての報酬を得ることができます。

ここであなたは、他の人々の経験と私自身の経験の両方からその問題について
できるだけ多くの情報を見てきて、エゴについてのこの本の終わりにいます。さ
あ、それはあなたの選択です。今すぐだけでなく、将来的にも、このすべての知
識を使って何をしますか?

人生を通して、あなたは毎日、願望、成功、失敗の 3 つの段階のいずれかを経
験します。途中で間違いを犯しながら、各ポイントで自分自身との戦いに直面す
ることになります。

毎分、毎日、すべての汚れが収集されるまで床を掃除し、その後再び掃除して
ください。

終わり